Der Profi-Heimwerker

Siegfried Stein

Bachläufe
und Badeteiche
selber bauen

Mit einem Kapitel
zum Bau von
Pflanzenkläranlagen

Planung, Gestaltung,
Ausführung

Callwey

Inhalt

Vorhergehende Seite:
Der Schwimmteich fügt sich
harmonisch in die Obstwiese.
Im Vordergrund ist die Trennung
von Pflanzen- und Badezone
deutlich zu erkennen. Der Bade-
steg wurde aus unbehandeltem
Lärchenholz gebaut.

© 1995 Verlag Georg D. W. Callwey
GmbH & Co., Streitfeldstraße 35,
81673 München
Das Werk einschließlich aller seiner
Teile ist urheberrechtlich geschützt.
Jede Verwertung außerhalb der engen
Grenzen des Urheberrechtsgesetzes
ist ohne Zustimmung des Verlages
unzulässig und strafbar.
Das gilt insbesondere für Vervielfälti-
gungen, Übersetzungen, Mikro-
verfilmungen und die Einspeicherung
und Verarbeitung in elektronischen
Systemen.

Schutzumschlaggestaltung:
HBC-Design, München
Gestaltung und Produktion:
Helmut Gebhardt,
Stephan Riedlberger, München
Litho, Druck und Bindung:
Kösel, Kempten
ISBN: 3-7667-1184-9
Printed in Germany

Die Deutsche Bibliothek –
CIP-Einheitsaufnahme
**Bachläufe und Badeteiche
selber bauen**: Planung, Gestaltung,
Ausführung/Siegfried Stein.–
München: Callwey, 1995
(Der Profi-Heimwerker)
ISBN 3-7667-1184-9
NE: Stein, Siegfried

Bildnachweis

Bildarchiv Sammer: S. 8, 9 o.
Biotop Landschaftsgestaltung: S. 2
Ehrig, Christhard: S. 98/99, 99 o.l.,
100 –107
Kub, Erich/W. Weinhäupl:
Einband vorne, S. 12 u., 13 o., 42 o.,
43 o., 43 u., 79 – 81, 85, 86
Kub, Erich: S. 12 u., 13 o.,
Lehnert-Hauenstein, Norbert: S. 42 u.,
42/43, 58 – 77, 93
Manzke, Guido/Siegfried Stein:
S. 43 m., 99 u. r., 110 –113
re-natur: S. 88, 89, 119, 121, 123
Salmen Gartenparadies: S. 114 –116
Stein, Gitte und Siegfried: S. 7, 9 m.,u.,
10, 11, 12 o., 13 u., 14, 16, 18 –21,
23 –31, 33 – 41, 45, 49, 78, 83 u., 84,
87, 90 –92, 94 –97, 99 o. r., 99 u. l.,
117, 118, Einband hinten
Vick, Siegfried/Siegfried Stein: S. 98,
108, 109
Weixler, Richard: S. 46/47, 48, 50 – 57

Alle Anleitungen wurden sorgfältig
erprobt – eine Haftung kann dennoch
nicht übernommen werden.

Vorwort

Das Baden in natürlichen Gewässern ist ungleich schöner und angenehmer als das Plätschern im gechlorten Wasser eines Swimmingpools.

Wenn schon Gartenteich, dann gleich richtig – denken Sie in die gleiche Richtung? Ein kühlendes Bad an heißen Tagen direkt vor der Terrassentür, ohne sich auf Straßen oder in öffentlichen Verkehrsmitteln bewegen zu müssen, ohne Bakterienbelastung und Ansteckungsgefahr in Frei- und Hallenbädern, ganz ohne weitere Umstände – wann immer und mit wem Sie wollen und ganz so, wie es Ihnen gerade beliebt!

Dieser Wunschtraum ist längst keine Utopie mehr – jeder Gartenbesitzer kann ihn verwirklichen. Ein genügend tiefer Badeteich ist zwar immer ein größeres Bauvorhaben, die Kosten allerdings bewegen sich in vertretbarem Rahmen.

Die Natur hilft mit, wenn es darum geht, das Wasser klar und sauber zu halten. Forschungen haben die Wirksamkeit von Pflanzenkläranlagen längst erwiesen. Blumenbinsen, Schilf und Gelbe Wasseriris filtern Trübstoffe heraus und reichern das Wasser mit Sauerstoff an. Solche »Repositionspflanzen« gedeihen in Bachläufen, Teichen und Pflanzenkläranlagen. Was man dabei beachten sollte, erfahren Sie in diesem Buch.

Siegfried Stein

Etwas Theorie

Vom Swimmingpool zum Badeteich

Rund, oval oder kastenförmig, so präsentiert sich ein Swimmingpool. Makellos klares, blaues Wasser erzielt man nur mit einer aufwendigen Filteranlage, Chlorbeigaben sorgen für die notwendige Desinfektion. Beckenreinigung, Beheizung und Wasserentleerung über Winter sind weitere technische und kostentreibende Attribute. Bei einer solchen Anlage kommt das rechte Naturgefühl nicht auf, weshalb sich mancher Benutzer fragt, ob sich die Badefreuden nicht auch auf andere Art erreichen lassen. Nichts ist unmöglich. So werden Jahr für Jahr vorwiegend ältere Pools in Naturteiche umgewandelt.

Besonders störend wirken die strenge Form sowie die überwiegend türkisblaue Farbe, die den Pool als Fremdkörper im Garten wirken lassen. Ein neuer Anstrich des Beckens mit wasserfesten Farben schafft Änderung: Weiß läßt die natürlichen Farben des Himmels reflektieren, Schwarz täuscht größere Tiefe vor, Oliv-

3   Ein ehemaliger Swimmingpool wandelte sich in einen naturgemäßen Schwimmteich. Deutlich erkennt man die ehemalige Form. Durch teilweises Abbrechen der Beckenwände entstand ein Übergang zur Klärzone.

grün entspricht dem Pflanzenwuchs. Zur Bioklärung gehört zumindest ein zweiter Teich, der sich in Form einer Flachwasserzone am Rande hinzieht und mit naturgemäßen Formen die Verbindung zur Gartenanlage herstellt. Mit dem Aushub läßt sich ringsum das Gelände so erhöhen, daß der Wasserstand um 20 bis 30 Zentimeter angehoben werden kann. Die bestehende Technik zum Absaugen des Wassers kann dabei bestehen bleiben.

Auch mit einem Absenken des Beckenrandes läßt sich eine Sumpfkläranlage herstellen. Hierzu muß ein Bagger anrücken, der die Betonkanten um zirka 50 Zentimeter vom oberen Beckenrand gesehen abbricht und an ein oder zwei Seiten die Überlaufzone aushebt. Die rauhen Kanten werden geglättet, das Ganze mit einer paßgenauen Folie ausgekleidet. Im Teichgrund oder Rollkies der Randzonen kann man dann die Sumpf- und Wasserpflanzen ansiedeln.

Die Bioklärung

Natürliche Gewässer reinigen sich selbst. Das Wasser in ihnen ist in der Regel klar und angenehm weich. Das Baden darin ist eine Freude – ganz im Gegensatz zum Schwimmen im chlorversetzten, chemisch gesäuberten Wasser. Nur selten findet man es leicht getrübt. Dies ist der Fall, wenn moorige und sumpfige Umgebung oder Herbstlaub für eine große Last an Biomasse und abgesunkenem Mulm sorgen. Algen, insbesondere Fadenalgen, erfüllen als Sauerstoffproduzenten eine wichtige ökologische Aufgabe. Nehmen sie allerdings durch zu wenig Konkurrenz überhand, verdunkeln sie weite Flächen und entziehen Schwimm- und Wasserpflanzen das Licht, so daß diese verkümmern. Algen sind vor allem ein Kennzeichen für stehende Gewässer, in denen die Nährstoffe nicht abfließen können. Schwimmpflanzen, Wasserpflanzen aus verschiedenen Tiefenzonen und die große Zahl der Sumpfpflanzen entnehmen dem Wasser mit ihrem weitverzweigten Wurzelwerk die benötigten Nährstoffe; daß es viele sein müssen, kann man leicht am üppigen Pflanzenwuchs erkennen. Ein »biologisches Gleichgewicht« mit klarem Wasser stellt sich dann ein, wenn den Verschmutzungen durch Laubeintrag, eventuellem Fischbesatz und Badebetrieb reichlich Wasserpflanzen und genügend große Filterzonen gegenüberstehen.

4 Badevergnügen im ehemaligen Pool. Der Einstieg erfolgt über den Steg.

5 Sumpfzonen mit üppiger Vegetation (hier Gelbe Sumpfschwertlilie) übernehmen die Klärung.

6 Ein breiter Schilfgürtel kennzeichnet die Sumpfzone in natürlichen Gewässern.

5

6

7

Schilf, Rohrkolben, Gelbe Wasseriris, Blumenbinse, Igelkolben und viele andere »Repositionspflanzen« (siehe Seite 13f.) sind nicht nur in der Lage, Trübstoffe auszufiltern. Im Zusammenwirken mit Bakterien können einige von ihnen sogar komplizierte organische Verbindungen zerlegen und giftige Schadstoffe »knacken«. Das Recycling funktioniert am besten bei Wasserumwälzung. Der Natur abgeschaut, finden wir daher bei den verschiedenen Badeteichsystemen Bachläufe als wichtige Regenerationszonen und zur Anreicherung mit Sauerstoff sowie flache Sekundärteiche mit üppigem Pflanzenwuchs. Die tiefe Badezone bleibt frei von Pflanzen und Teichgrund, die Vegetation begnügt sich mit den dafür gedachten Rand- und Filterzonen.

Im Badeteich kommen Mensch und Natur gut miteinander aus.

8

7   Der große Nährstoffbedarf üppiger Teichbewohner entzieht dem Wasser Nährstoffe (hier Pfeilkraut *Sagittaria latifolia*).

8   Fieberklee *(Menyanthes trifoliata)* und Sumpfdotterblume *(Caltha palustris)* entstammen der einheimischen Vegetation.

9   Nützliche Wasserpflanzen können auch schön sein. Das Wollgras *(Eriophorum angustifolium)* hat einen dichten Bestand gebildet.

9

10 Kristallklares Wasser ohne viel Technik. Der Einstieg erfolgt über den Steg. Wichtig sind breite Regenerationszonen.

Bioteiche aus dem Alpenraum

Liegt es am wärmeren Klima oder hat sich das besonders wache Naturverständnis der Bergregionen durchgesetzt?

Wie auch immer, Schwimmteiche werden schon seit Jahren gebaut, selbst im hohen Norden, aber richtig durchgesetzt und perfektioniert wurden sie erst in Österreich. Seitdem schwappt die Bioteich-Welle mit schnell wachsendem Erfolg auch in die Nachbarländer Deutschland und die Schweiz.

Wie manche seiner Kollegen baut Wasserpflanzen-Gärtner Richard Weixler aus Wels, Oberösterreich, nach einem relativ einfachen System, das als Modell für Selbermacher dienen kann. (Vergleiche dazu die Teiche auf den Seiten 46–57.) Seine Teiche zeichnen gefällige, natürliche Formen aus, obwohl auch strenge Konturen möglich sind. Bis zur Hälfte der Fläche wird als Badeteil genutzt, der Rest ist mit Schottersäcken (»Wassersäcken«) aus UV-stabilem Vliesmaterial, unauffällig grün, abgetrennt von den umliegenden Regenerationszonen, in denen in nährstoffarmem Schotter, Kies oder Sand Sumpf- und Wasserpflanzen die Klärung übernehmen. Damit sich im Badeteil keine Pflanzen ausbreiten, wird das Becken, bestehend aus einer Form aus Holz oder Beton, mit sauberer stabiler Folie ausgekleidet (Kautschukfolien oder PVC-Folien, 1,5 mm dick, armiert). Eine Umwälz-Pumpe zum Betreiben eines Bachlaufes kann, muß aber nicht sein. Die nötige Wasserumschichtung kommt auf natürliche Weise zustande: Kälteres Wasser driftet nach unten, von der Sonne erwärmtes breitet sich von den Randbereichen her aus und erzeugt so einen stetigen Sog.

Eine leichte Wassertrübung durch Schwebealgen wird als vorübergehend und natürlich hingenommen. Sie tritt vor allem im Frühling auf, wenn sich das Wasser mit steigender Sonne schnell erwärmt, die Vegetation aber noch längst nicht ihre volle Wirksamkeit erreicht hat. Absinkender Mulm und abgestorbene Algen bedecken mit der Zeit den Beckenboden, so daß alle ein bis zwei Jahre eine Reinigung mit dem Wasserstaubsauger erforderlich wird.

11 Empfehlenswert ist das Überspannen mit einem Laubschutznetz in den Monaten Oktober und November.

Was tun gegen hereinwehendes Laub – die größte Verunreinigung? Man spannt einfach für die wenigen Wochen im Spätherbst große Netze über das Badegewässer. Im Winter werden sie wieder abgenommen, denn stören sollen sie beim Eisstockschießen, dem Wintervergnügen auf zugefrorener Fläche, nicht.

12 Deutlich sichtbar ist der Schwimmteil, den man beim Bioteich-Verfahren mit Absauganlage perfekt sauber halten kann.

Verfahren Bioteich

Technisch aufwendiger ist das System von Ulrich Kub aus Kallham bei Linz, Oberösterreich. Nach ihm wurden über mehrere Lizenznehmer auch in der Schweiz und in Deutschland viele schöne Schwimmteiche gebaut. (Vergleiche dazu die Teiche auf den Seiten 58–89.) Auch beim Bioteich gibt es eine abgegrenzte, saubere Kammer als Badeteil, je nach Wunsch mit Tiefen von 150 bis 250 Zentimeter. Sie ist mit armierter cremeweißer PVC-Folie ausgekleidet, »weil das die schönste Farbe gibt«. An der tiefsten Stelle wird über ein Rohr der ständig in kleinen Mengen anfallende Mulm nach unten abgesaugt, zunächst über einen tiefer als der Teichboden liegenden Absetzschacht zur Vorklärung und danach zur biologischen Säuberung in einem abgegrenzten zweiten Regenerationsbereich (Sekundärteich) geleitet.

Dieser kann außerhalb liegen, aber auch mit dem Badeteich eine optische Einheit bilden. Ein Damm aus fest verankertem Holz, der bis zu 56 Zentimeter unter die Oberfläche geführt wird, verhindert, daß Trübstoffe ins Badewasser gelangen können. Auch zur Reinhaltung des Wassers werden natürliche Hilfsstoffe eingesetzt. Binsen und andere Wasserpflanzen übernehmen die biologische Säuberung, wobei im Wurzelbereich der Binsen »Biobakterien« die beim Baden entstehenden Kolibakterien und

andere ohne jede Chemie rückstandsfrei vernichten. Für einen Umlauf via Wasserfall oder Bachlauf sorgt eine leistungsfähige Umwälzpumpe. Über Kaskaden und Mäander läuft das Wasser, mit neuem Sauerstoff angereichert, in den Badeteich zurück.

Um Wassertrübungen im Anfangsstadium, wenn die Vegetation noch spärlich wächst, zu vermeiden, werden in der Kies- und Schotterzone Matten mit angereichertem Zeolith eingebaut (4 kg/Quadratmeter). Diese fein gebrochenen Mineralien (kristalline Alkali- und Alumosilikate) wirken als Nährstoffabsorber und dienen wegen ihrer stark vergrößerten Oberfläche als Heimstatt für stickstoffabbauende Bakterien. Mit einem auf rein biologischer Basis hergestellten Aktivator wird die Umsetzung der Nährstoffe stark beschleunigt.

Für optische Klarheit des Badewassers sorgt zusätzlich ein eigens entwickelter elektrischer »Bioteich-Turbo«-Reiniger, der selbsttätig über Nacht sieben Stunden lang die Badeteichfolie von anhaftendem Schmutz befreit. Selbst Algen können den Roboter nicht verstopfen.

Repositionspflanzen

Wasserreinigung mit Pflanzen – vor 25 Jahren wußte man darüber fast gar nichts.

Wissenschaftliche Forschung und praktische Erprobung haben daraus inzwischen einen Zweig des Landschaftsgartenbaus entstehen lassen, der sowohl im kommunalen Bereich als auch in Privatgärten vielfältige Anwendung findet: nicht nur in Badeteichen, sondern auch auf Wochenendgrundstücken, in abgelegenen, wenig zugänglichen Siedlungen, auf naturnahen Grundstücken, wo man zunächst für eine mechanische Vorklärung in Filterkammern sorgt. Die endgültige biologische Klärung zum sauberen Wasser übernehmen dann die Pflanzen – einschließlich des Abtötens von schädlichen Kolibakterien (siehe auch Seite 118 f.)

13 Der Teichroboter tut ein übriges, damit das Wasser hygienisch sauber bleibt. Selbsttätig reinigt er die Folie.

14 Ein Biofilter aus Kokosgewebe klärt vor und schützt den Ansaugkorb vor Algen und Verunreingungen.

13

14

15   Stelldichein aktiver Wasserreiniger am Teichrand: Fieberklee, Sumpfdotterblume, Nadelsimse, Sumpfvergißmeinnicht und Tannenwedel.

16   Schilf *(Phragmites)* und Rohrkolben *(Typha)* verfügen über großen Ausbreitungsdrang. Die Gelbe Sumpfiris ist eine Alternative.

Was Pflanzen können

Reposition, das heißt Wiedereingliederung (vom lateinischen reponere = einrenken, wiederherstellen). Repositionspflanzen können demnach ein durch Umweltschäden gestörtes biologisches Gleichgewicht wiederherstellen.
Sie säubern und klären das Wasser durch

- Aufnahme von Schwermetallen
- Herausfiltern von Schwebstoffen
- Entzug von Nährstoffen
- Aufnahme von giftigen organischen
- Verbindungen.

Außerdem festigen sie die Ufer mit ihrem Wurzelwerk, verbessern die Wasserqualität und wirken der Eutrophierung (Überfrachtung) entgegen.

Zwischen März und September setzt man in der Flachwasserzone in Gärtnereien vorgezogene Pflanzen in einer Menge von fünf bis acht Pflanzen pro Quadratmeter.
Um eine gute, standortgerechte Wirkung zu erreichen, werden stets mehrere Arten zusammen ausgepflanzt, wobei die wirksamsten als Leitpflanzen und Bestandsbildner zirka 80 bis 90 Prozent der Pflanzenmasse ausmachen sollten. Begleitpflanzen (10 – 20%) gleichen weniger üppige Reinigungsleistung häufiger durch schöne Blüten und ansprechenden Wuchs aus. Mischen wir also, damit unser Teich auch optisch ein Schmuckstück wird!
Sehr wichtig als Sauerstofflieferanten und Wasseraufbereiter ist die Gruppe der Schwimm- und Unterwasserpflanzen, zum Beispiel Frühlingswasserstern *(Callitriche palustris)*, Nadelsimse *(Eleocharis acicularis)*, Wasserprimel *(Hottonia palustris)* und Tausendblatt *(Myriophyllum spicatum)*. Wer auf sie verzichtet, bringt sich um einen guten Teil der Wirkung. Und keine Sorge, daß sich die Pflanzen in den Badeteil hinein ausbreiten werden! In der Regel wachsen sie nur dort, wo sie nährstoffreiches Wasser vorfinden, also im Filterbereich.

Tabelle der wichtigsten Repositionspflanzen

Pflanzen		Unterwasserpflanze	Repositionspflanze	Wasserstand in cm	Leitpflanze/Begleitpflanze	Höhe in cm	Blüte	Blütezeit	Standort
Acorus calamus	Kalmus		■	0–30	B	100	grün	5–7	●
Alisma plantago-aquatica	Froschlöffel		■	5–40	B	40–100	zartrosa	6–8	○–●
Butomus umbellatus	Blumenbinse		■	10–40	B	100	rosa	6–8	○–●
Calla palustris	Sumpfcalla		■	5–50	B	30	weiß	6–9	○–●
Callitriche palustris	Frühlingswasserstern	■	■	—	B	—	weiß	5–10	○–●
Caltha palustris	Sumpfdotterblume		■	0–30	B	30	gelb	4–6	○–●
Carex acutiformis	Sumpfsegge		■	0–20	L	100	braun	5–6	○–●
Carex gracilis	Schmale Sumpfsegge		■	0–20	L	90	braun	5–7	○–●
Carex hirta	Rauhe Segge		■	0–30	L	100	braun	4–5	○–●
Carex riparia	Ufersegge		■	0–30	L	100	braun	4–5	○–●
Eleocharis acicularis	Nadelsimse	■	■	10–60	B	—	braun	5–8	○–●
Eleocharis palustris	Sumpfried		■	0–20	B	30	braun	6–7	○–●
Eupatorium cannabinum	Wasserdost		■	0–5	B	150	rosa	8–9	○–●
Filipendula ulmaria	Mädesüß		■	Sumpf	L	120	weiß	6–7	○–●
Geum rivale	Bachnelkenwurz		■	Sumpf	L	30	rötlich	5–6	○–●
Glyceria maxima	Wasserschwaden		■	0–20	B	140	bräunlich	5–6	○–●
Hottonia palustris	Wasserprimel	■	■	—	B	5	rosa	5–7	○–●
Iris pseudacorus	Sumpfschwertlilie		■	0–30	B	100	gelb	5–7	○–●
Juncus effusus	Flatterbinse		■	0–10	B	80	braun	7–8	○–●
Juncus inflexus	Blaubinse		■	0–10	B	70	braun	7–8	○
Lythrum salicaria	Blutweiderich		■	0–5	B	120	violett	6–10	○–●
Mentha aquatica	Bachminze		■	0–15	B	40	hellviolett	7–10	○–●
Myosotis palustris	Sumpfvergißmeinnicht		■	0–15	B	40	blau	4–10	○–●
Myriophyllum spicatum	Tausendblatt	■	■	30–120	B	10	rosa-weiß	6–9	◐–●
Nuphar lutea	Teichmummel		■	30–150	L	10	gelb	6–9	○–●
Nymphaea alba	Seerose		■	40–150	L	10	weiß	5–10	○–●
Nymphoides peltata	Seekanne		■	30–60	B	10	gelb	5–7	○–●
Oenanthe aquatica	Wasserfenchel		■	0–30	B	100	weiß	6–8	○–●
Petasites hybridus	Pestwurz		■	0–10	L	70	rötlich	3–4	○–●
Phalaris arundinacea	Glanzgras, Pfahlrohr		■	0–10	L	180	bräunlich	6–7	○–●
Phragmites australis	Schilf, Reet		■	0–30	L	300	braun	7–11	○–●
Polygonum amphibium	Wasserknöterich		■	0–60	B	0–40	rosa-rot	5–8	○
Potamogeton natans	Schwimmendes Laichkraut		■	40–100	L	—	weißlich	5–8	○–●
Ranunculus aquatilis	Wasserhahnenfuß	■	■	40–150	L	—	weiß	5–8	○–●
Ranunculus lingua	Großer Hahnenfuß		■	0–40	B	120	gelb	6–8	○–●
Sagittaria sagittifolia	Pfeilkraut		■	0–20	B	80	weiß	5–8	○–●
Scirpus lacustris	Seesimse		■	0–50	L	200	braun	6–7	○
Solanum dulcamara	Bittersüßer Nachtschatten		■	0–10	B	200	violett	4–9	○–●
Sparganium emersum	Kleiner Igelkolben		■	5–30	B	50	weiß	6–7	○–●
Sparganium erectum	Ästiger Igelkolben		■	5–30	B	80	grünlich	6–7	○–●
Stratiotes aloides	Krebsschere	■	■	—	L	10	weiß	5–7	○
Thalictrum flavum	Gelbe Wiesenraute		■	0–5	B	80	gelb	5–6	○–●
Typha angustifolia	Schmaler Rohrkolben		■	5–50	L	200	braun	6–9	○–●
Typha latifolia	Breitblättriger Rohrkolben		■	0–30	L	200	braun	5–10	●
Veronica beccabunga	Bachbunge		■	0–10	B	30	blau	5–8	○

○ sonnig   ◐ halbschattig   ● schattig

Pflanzen für das Flachwasser und Ufer

Breite flache Uferzonen beherbergen ein höchst aktives Tier- und Pflanzenleben. Hier können sich Molch und Frosch verstecken, finden Libellen und buntschillernde Schlankjungfern den nötigen Schutz für ihre zunächst häßlichen braunen Larven. Lange Zeit (1–5 Jahre) gehen sie im Teichwasser auf Jagd, ernähren sich von Fischlaich, Schneckeneiern und Kaulquappen, bevor endlich die Häutung einsetzt. Eines schönen Morgens im Mai oder Juni ist es dann so weit: Langsam kriecht eine funkelnde Schönheit aus der braunen Puppe, erhebt sich schließlich in die Luft, um künftig unter den Mücken kräftig »aufzuräumen«. Hierhin verziehen sich die Wasserflöhe (Daphnien), die jede Wasserfläche schnell besiedeln und mit ihrem Hunger auf Algen zur Gesundung entscheidend beitragen. Hier ist Platz nicht nur für die vorhergenannten Repositionspflanzen mit ihrer Filterwirkung, sondern auch für die normalen Liebhabereien jedes Gartenteichbesitzers. Es stört durchaus nicht, wenn der grüne Gürtel aus Schilf, Binsen und Rohrkolben aufgelockert wird durch freudige Farben. Zusammen mit den dottergelben Butterblumen beginnt der mit dicken, fleischigen Rhizomen kriechende Fieberklee (Menyanthes trifoliata) seinen Flor. Weiß-rosa recken sich die bewimperten Blüten aus dem sattgrünen Blätterdickicht. Wie silbrig-weiße Wolken schweben

17   Die Sumpfdotterblume *(Caltha palustris)* säumt als eine der ersten Teiche und Bäche. Auch gefüllte Sorten sind blühfreudig.

18   Im Sommer kommt der Blutweiderich *(Lythrum salicaria)* zur Blüte.

die flockigen Blütenstände des Wollgrases *(Erio-phorum angustifolium)* im April, Mai und Juni über sumpfigem, flachem Wasser.

Reizt zum Sammeln: Iris-Vielfalt

Es folgt die stattliche Gelbe Sumpfschwertlilie *(Iris pseudacorus),* deren Wurzeln eine beachtliche Filterwirkung entfalten. Im flachen Wasser fühlen sich auch weitere Iris-Arten wohl – die Amerikanische Sumpfiris *(Iris versicolor)* mit der schönen rosa Sorte ›Kermesina‹ und blauen Farben, die violettblaue Asiatische Sumpfiris *(Iris laevigata)* und am Ufer, schon wesentlich trockenere Verhältnisse vertragend, die zierliche, blaue oder weiße Sibirische Wieseniris *(Iris sibirica).* Trotz ihres botanischen Namens ist sie mitten in Europa heimisch, zum Beispiel auf alpinen Wiesen, wo die Blütenstände im Frühling wie blaue Edelsteine aus frischem Grün hervorleuchten.

Die meisten Wasserpflanzen sind heimisch und haben deshalb wenig Anpassungs- oder Überwinterungsschwierigkeiten. Dennoch kann man sich auch an einige fremdländische Schönheiten wagen, zum Beispiel an die Japaniris *(Iris ensata,* früher *Iris kaempferi).* In der flachen Verlandungszone fühlt sich diese Pflanze in grösseren Gruppen wohl, möchte im Winter eher trockener stehen. Ihre märchenhaft schönen blauen, weißen oder rosa Blüten stehen wie Schmetterlinge auf festen Stielen.

Empfehlenswerte Besonderheiten

Auch das stahlblaue Hechtkraut *(Pontederia cordata)* aus Südamerika ist empfehlenswert, obwohl die Pflanzen in strengen Wintern zurückfrieren können.

Den ganzen Sommer über bedeckt sich die gelbe oder gelb-orange Gauklerblume *(Mimulus luteus)* mit zahlreichen Knospen. Die nahe verwandte Amerikanische Gauklerblume *(Mimulus ringens)* blüht ebenso reich den Sommer über in Blau. Für den Sumpfbereich und das nahe trockenere Ufer erwähnenswert sind zwei weitere Überlebenskünstler aus kontinentalem Klima. Der leuchtendrosafarbene Schlangenkopf *(Chelone obliqua)* aus Amerika, dessen feste Blütenstände gute, lang haltbare Schnittblumen abgeben (der Name spielt auf das Aussehen der Blüten an, die einer Schildkröte oder Schlange ähneln), gedeiht sowohl in der Sonne als auch im Schatten. Er wird mit Trockenheit genauso leicht fertig wie mit feuchtem Boden. Dort fühlt sich auch der weiße Schwanenhalsfelberich *(Lysimachia clethroides)* wohl, eine ausdrucksvolle Erscheinung aus Asien, nahe verwandt mit dem einheimischen sommerblühenden Goldfelberich *(Lysimachia punctata).*

Vergessen wir nicht die zahlreichen Seerosensorten! Es ist schon ein Erlebnis, wenn man sich den märchenhaft-elegant auf der blauen Wasseroberfläche treibenden Schalenblüten schwimmend naht und sie zur Abwechselung aus der Froschperspektive betrachten kann, anstatt immer nur von oben.

Heimisch und für tiefere Zonen im Badeteich durchaus empfehlenswert sind die weiße Seerose *(Nymphaea alba)* und die verwandte Gelbe Teichmummel *(Nuphar lutea),* deren große Schwimmblätter reichlich Sauerstoff produzieren. Von den winterharten Seerosen gibt es Züchtungen, die jeder Wassertiefe angepaßt sind, von 20 Zentimeter Wasserstand bei Zwergseerosen bis 150 Zentimeter Tiefe bei den großblütigen Sorten.

Heimische Dauerblüher sind die zarten Sumpfvergißmeinnicht *(Myosotis palustris),* die vom zeitigen Frühjahr bis zum Herbst die Uferzonen in lockeres Blau hüllen. Da sie sich über Samen und Ausläufer reichlich vermehren, genügt es, wenige Pflanzen einzusetzen. Ähnliches gilt für die im Sommer blühenden gelben Münz- oder Pfennigkräuter *(Lysimachia nummularia).* Sind sie Bodendecker, die jeden Teichrand beizeiten überwuchern und damit weitgehend unsichtbar machen oder sind sie Unterwasserpflanzen? Diese Pflanzen sind vielseitig. Sie können sich sowohl auf dem trockenen Lande ausbreiten, als Hängepflanzen prunken oder sich im ufernahen Wasser ausbreiten.

Elegante Schönheiten mit filternder Wirkung der Wurzeln sind die zartrosa Blumenbinsen *(Butomus umbellatus),* die im seichten Wasser an sonniger Stelle gedeihen.

19   Wunderschön präsen-
tieren sich die unterschiedlichen
Sorten der Japaniris *(Iris ensata,*
syn. *Iris kaempferi).*

20   Trotz ihres Namens ist
die Sibirische Wieseniris *(Iris
sibirica)* auf heimischen Wiesen
zuhause.

21   Seerosen aus der Froschperspektive betrachtet: ein reiz-
voller Anblick.

Schmetterlingspflanzen für den Herbst

Nicht vergessen sollte man die langen Monate im Spätsommer und Herbst, wenn sich die Schmetterlinge gerade voll entwickelt haben. Auf den violetten Rispen des Blutweiderichs *(Lythrum salicaria)* finden sie sich alle ein: Tagpfauenauge, Landkärtchen, Zitronenfalter, Kleiner Fuchs und Admiral. Noch später öffnet der je nach Art und Sorte zartrosa oder weinrote Wasserdost *(Eupatorium cannabinum)* seine zahlreichen Blütchen.

Zarte Gräser schmücken selbst im Winter

Eine Zierde für die Herbst- und Wintermonate sind auch die Gräser, die sich zunächst mit duftigen Blättern, später mit silberweißen oder rosaroten Blütenfahnen schmücken. Auch im Winter sehen sie noch prächtig aus, besonders wenn sie mit Rauhreif oder Schnee bedeckt sind. Unter den Chinaschilf-Arten *(Miscanthus sinensis)* gibt es zahlreiche Sorten, die sich im Wuchs und Aussehen deutlich unterscheiden. Ein »Muß« ist zum Beispiel das wie ein Rasierpinsel wachsende feine Eulaliagras *(Miscanthus sinensis ›Gracillimus‹)* oder der immergrüne Schirmbambus aus China *(Thamnocalamus spathaceus, syn. Sinarundinaria murielae)*, der mit der Zeit beträchtliche Horste bilden kann. Sein Standort will daher wohl überlegt sein, denn ein Entfernen ist nur noch mit dem Bagger möglich. Achten Sie beim Kauf auf Sämlingskulturen wie zum Beispiel ›Simba‹ (kompakt wachsend), da die vegetativ vermehrte Hauptart blühen und dann absterben kann.

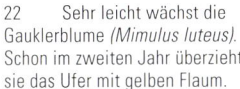

22   Sehr leicht wächst die Gauklerblume *(Mimulus luteus)*. Schon im zweiten Jahr überzieht sie das Ufer mit gelben Flaum.

23   Zu den Dauerblühern in Teich und Bach zählt das Sumpfvergißmeinnicht *(Myosotis palustris)*.

24   Der Schlangenkopf *(Chelone obliqua)* aus Nordamerika ist absolut winterhart.

Badeteich –
Von der Planung
bis zum ersten Sprung
ins kühle Naß

Alle Aspekte, die beim Anlegen eines Bade-
teiches eine Rolle spielen können, werden im
folgenden an einem konkreten Beispiel ange-
sprochen und Lösungen aufgezeigt. Die Be-
schreibung, den Lageplan und weitere Abbildungen zum Objekt finden Sie auf den Seiten
44/45, eine Kostenaufstellung auf der Seite 125.

Planen und Entwerfen, Vorschriften

Geschmack und Naturverständnis bestimmen
letztendlich, wie das eigene Badeparadies aussehen soll. Aus diesem Grunde gab es auf den
ersten Seiten einen Grundkurs in Theorie.
Auch wenn der chemisch gesäuberte Swimmingpool nicht in Betracht kommt, bleibt doch
die Frage: mit wem halten Sie es denn? Mit
Richard Weixler, für den »ein paar Algen im
Frühjahr« ganz selbstverständlich sind, weil sie
sich nach Anlaufen der Vegetation von selbst
wieder zurückziehen müssen? Der mit ganz natürlichen Mitteln, mit Pflanzen und eingesetz-
ten Daphnien (Wasserflöhen) das Wasser klärt
und der höchst ungern einen Bachlauf fließen
läßt »weil die Pumpen die Tierwelt völlig durch-
einanderbringen«. Dem es nichts ausmacht,
mit Molchen und Fröschen zusammen zu baden, denn »die reißen eh aus«. Und tatsäch-
lich: Im Dorfweiher oder in der Isar sieht das
Badevergnügen nicht anders aus.
Oder lieben Sie es eher ganz sauber und unge-
trübt? Auch das ist im Einklang mit der Natur
möglich. Erich Kub entzieht mit seinem Bioteich allem im Badeteil Unerwünschtem ganz
einfach die Nahrungsgrundlage mittels Abfluß-
rohr und Klärstufe – Pflanzenleben findet nur im
Sekundärteich statt. Das erfordert etwas höhe-
ren Aufwand, läßt aber mögliche Bedenken
schwinden.
Wie auch immer – wir sind einen Mittelweg
gegangen, mit abgetrennter Klärstufe, mit rie-
selndem Bachlauf und – weil es der sandige
Untergrund hergab – mit eigenem Strand. Allerdings: Wer sich an einen Schwimmteich mit
gehöriger Tiefe wagt, kommt mit der eigenen

Schaufel nicht weit. Er muß entweder die Hilfe
eines erfahrenen Landschaftsgärtners mit entsprechenden technischen Möglichkeiten beanspruchen oder selbst über tüchtige Leute
verfügen, die mit geliehenen Aushubgeräten
umgehen können. Übrigens: Fast alle Gärtner
führen auch Teilarbeiten aus, das senkt den
eigenen Kostenrahmen und kommt den Profis
oft nicht ungelegen. Zeit- und Fachkräftemangel
sind auch in dieser Branche die Regel.
Kostentreibend sind schlechte Zuwegung für
die erforderlichen schweren Arbeitsgeräte, für
Fahrzeuge und für die Entsorgung der Erdmassen. Ein Teil, aber oft nicht die ganze Erde,
kann anschließend zum Modellieren verwendet
werden. Für einen Badeteich sollte genügend
Platz vorhanden sein, denn zum Drehen und
Wenden brauchen die Fahrzeuge mehr Fläche
als man sich gemeinhin vorstellt; außerdem
wird Platz zum Zwischenlagern von Mutterboden benötigt.

25   Vorherige Seite: Eine
nicht mehr genutzte Reitwiese
und zwei Krater durch umge-
stürzte Bäume gaben den Anlaß
zum Bau dieses Badeteichs.

26   Bis Architekt und Bau-
herr zur allseits akzeptierten
Lösung finden, werden einige
Entwürfe verworfen.

■ Die Hilfe eines Unternehmens mit seinem Wissen um praktische Erfahrungen in Anspruch zu nehmen, zahlt sich in jedem Falle aus. Zu groß sind die möglichen Fehlerquellen.

■ Auch die rechtlichen Konsequenzen eines solchen Bauvorhabens müssen über eine Bauvoranfrage abgeklärt werden. Während die Anlage von Gartenteichen selten reglementiert wird (z.B. in der Nähe von Deichen), können größere Schwimmteiche in manchen Regionen an Auflagen geknüpft sein.

■ Zu bedenken ist auch die Sicherheit, denn für kleinere Kinder können selbst flache Gewässer zum Verhängnis werden. Vorbeugemaßnahmen: Keinen Badeteich im Vorgartenbereich anlegen, das Grundstück einzäunen und rund um den tieferen Badeteil möglichst breite flache Uferzonen anlegen, nicht sofort steil in die Tiefe gehen.

Planung und Ausführung liegen oft nicht in einer Hand. Der Gartenarchitekt erkundet die Wünsche, setzt sie in Ideen und Entwürfe um. In der Regel sind mehrere Gespräche, Ortsbegehungen und Pläne nötig, bis sich die ideale Lösung herauskristallisiert. Der fertige Plan mit eingemessenen Höhen, Tiefen, vorgegebenen und zu erstellenden Leitungen, mit existierenden Bäumen und Mauern sowie Vorgaben für die Bepflanzung ist die Grundlage für die Kalkulation, für möglichst genaue Angebote, die die ausführenden Garten- und Landschaftsbaufirmen abgeben sollen. An hängigem Gelände können Stützmauern erforderlich werden, ein Statiker muß eventuell verantwortlich die nötigen Standfestigkeitsnachweise erarbeiten. Für all diese Leistungen steht dem Landschaftsarchitekten ein Honorar zu, das zwar ausgehandelt wird, sich aber an der zu erwartenden Bausumme orientiert (z.B. 5%).

Nivellieren, Höhenfeststellung, Massenberechnung

Der richtige Standort und eine geeignete Form sind entscheidend dafür, ob der Badeteich später ein immerwährendes Vergnügen wird oder ob und welche Probleme auftreten.

Bei voller Sonne erwärmt sich das Gewässer schnell – das verlängert die Badesaison. Während Hitzeperioden sind 26 bis 28 Grad Wassertemperatur normal, ein voll besonnter Teich kann sich jedoch noch weiter aufheizen. Ob dies als angenehm empfunden wird, ist Ansichtssache. Teilschatten durch Häuser oder entfernte Nadelbäume bekommt dem Pflanzenleben gut und bremst die Algenbildung. Andererseits sollte ein Badeteich mindestens für sechs Stunden täglich Sonnenschein erhalten.

■ Verschaffen Sie sich vorweg einen Eindruck von Form und Ausmaßen des geplanten Teiches sowie von den Lichtverhältnissen. Ein langer Wasserschlauch, ein Tau oder Hydraulikkalk zum Markieren der Konturen sind gute Hilfsmittel.

■ Alle wichtigen Gegebenheiten wie Bäume mit ihren Kronentraufen, Gebäude, Zäune usw. müssen im Lageplan exakt eingemessen und eingezeichnet werden. Höhenlinien und Senken gehören eingemessen und mit einem Schnitt eingezeichnet, damit die notwendigen Erdbewegungen und Massen kalkulierbar sind.

■ Durchdenken Sie alle Details, insbesondere die Randbefestigung und -gestaltung, wie man in den Teich hineinkommt und wie man ihm gefahrlos wieder entsteigt (auf glatter Folie ist ein Herauskommen selbst bei geringer Steigung unmöglich).

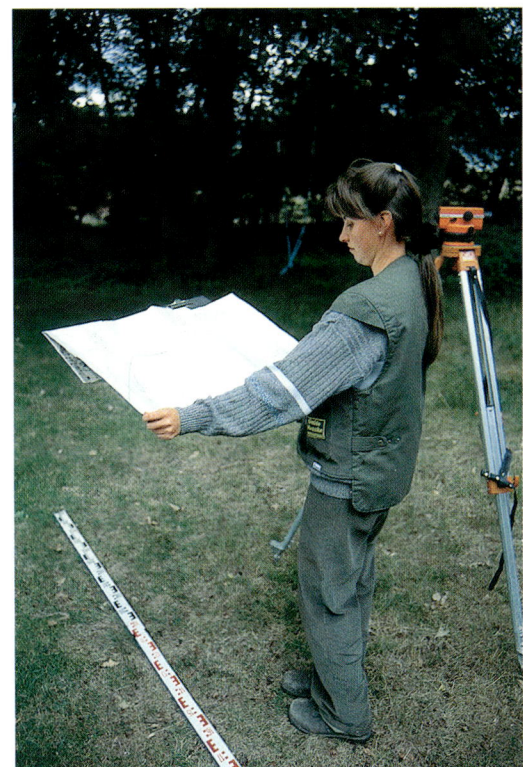

27 Ganz wichtig ist das Feststellen der Höhen und Gefälle für die Massenberechnung, auch Bäume und existierende Gebäude müssen eingemessen werden.

■ Schaffen Sie markante Bezugspunkte, die außerhalb der Erdarbeiten liegen und mit stabilen Schnurgerüstpflöcken und daran angebrachter Höhenmarkierung abzulesen sind. Die Konturen werden mit Hydraulikkalk gekennzeichnet. Dies erspart ständiges Neueinmessen.

■ Das Einmessen und Kartieren sollten Sie einem Profi überlassen, der mit Nivelliergerät und Wasserwaage umgehen kann.

■ Insbesondere in hängigem Gelände ergibt sich ein enormer Wasserdruck, der berücksichtigt und aufgefangen werden muß.

■ Planen Sie einen Überlauf für die Wassermengen ein, die bei lange andauerndem Regen oder plötzlich auftretenden schweren Gewittern zu erwarten sind. Sie können sich in Sumpfgebiete, in voluminöse Sickergruben oder in die Kanalisation entleeren.

■ Verdunstetes Wasser muß wieder aufgefüllt werden. Auch hierfür müssen rechtzeitig Lösungen durchdacht sein.

Baustelle vorbereiten, Bäume fällen, Baumstümpfe beseitigen

Die Baustelle muß rechtzeitig vorbereitet werden. Stehen Bäume im Weg, sollten Sie die rechtliche Situation klären. In vielen Orten gibt es Baumschutzsatzungen, die das Fällen von einem gewissen Stammdurchmesser, Stammumfang oder Alter an untersagen. Bleiben Laubbäume stehen, verschönert dies zweifellos die Gartenanlage, andererseits gehört hineinfallendes oder -wehendes Laub zu den größten Problemen, mit denen das Biotop – und der Besitzer – fertig werden muß.

28   Was sein muß, sollte wegen der Brutzeit der Vögel vor dem Austrieb vollzogen sein. Kranke Bäume sind ein Sicherheitsrisiko.

Bäume und Hecken dürfen wegen brütender Vögel nur im Winterhalbjahr gerodet werden. Eine Anfrage bei der Gemeinde oder der zuständigen Naturschutzbehörde klärt die genauen Termine (meist von Oktober bis März). Kleinere Gehölze kann man auch mit Ballen ausgraben und bis zur späteren Wiederverwendung einschlagen. Gefällte Bäume hinterlassen Stümpfe. In der Gartenanlage machen sie sich höchst dekorativ. Auf keinen Fall sollte man sie jedoch im Boden belassen, denn auf dem lang-

29   Mit Leihgeräten lassen sich viele Arbeiten selbst ausführen, zum Beispiel das Aufräumen und das Beseitigen des Gestrüpps.

30   Baumstümpfe gehören unbedingt entfernt. Für Großgeräte wie diesen Lader ist das Roden Minutensache.

31   Manche Stümpfe sehen malerisch aus und können bei der späteren Gestaltung wieder Verwendung finden.

sam absterbenden Gewebe siedeln sich Pilze an wie zum Beispiel der Hallimasch, ein gern gesammelter Speisepilz. Er ist ein gefährlicher Parasit, der über Verletzungen in lebende Gehölze eindringt und selbst große Bäume zum Absterben bringt. Wenn seine gelbbraunen Fruchtkörper im Spätherbst erscheinen, ist es für den befallenen Baum bereits zu spät, er ist unwiderruflich verloren.

Das Roden per Hand oder Traktor ist mühsam, für die ohnehin anrückenden Großgeräte wie Bagger oder Radlader dagegen eine Sache von Minuten.

Gestrüpp, Hecken oder kleinere Gehölze lassen sich mit Leihgeräten beseitigen. Wurzeln, Äste und anderes organisches Material kann im Garten verbleiben. Zu einem Totholzhaufen geschichtet, rottet es nach einiger Zeit zusammen, bietet in der Zwischenzeit jedoch den vielen nützlichen Helfern im Kampf gegen Schädlinge wie Igel, Spitzmaus, Laufkäfer, Florfliegen und Marienkäfern Unterschlupf. Gehäckselte Zweige sind wertvoll als Mulchmaterial in Gehölzpflanzungen und auf Wegen.

Aushub der Teichgrube

Bagger oder Radlader sind geeignete Maschinen zum Ausheben der Grube. Bevor es jedoch an tiefere Schichten geht, wird der anfallende Mutterboden (Humus) in einer Schicht von zirka 30 Zentimeter abgeschoben und in einer Miete so beiseite gesetzt, daß man ihn bei der Gartenanlage leicht wieder erreichen kann. Mutterboden nennt man die obere, von Milliarden Bodenlebewesen belebte Schicht, die locker, durchlüftet und humushaltig ist. Ein solcher Boden ist zu kostbar und kaum zu ersetzen, um ihn einfach als Füllboden untergehen zu lassen.

Die tieferen Schichten sind biologisch nahezu tot. Sie mit Gründüngung und organischem Material zu aktivieren, kostet viel Mühe, Zeit und Geld. Als Füllboden zum Modellieren der Pflanzbeete und als nährstoffarmer Boden für den Teichgrund findet dieses Material jedoch in Schichten von jeweils 30 Zentimetern verdichtet Verwendung. Die beim Aushub reichlich anfallenden Überschüsse können zumindest zum Teil sinnvoll wiederverwendet werden. Ein Wall, zum Norden hin oder als Schutz in der Hauptwindrichtung, verbessert das Kleinklima, kann optisch gefällig angelegt werden, verhindert auf elegante Art ungewünschte Einblicke, vermittelt Intimität. Er läßt sich pflegeleicht und ökologisch wertvoll mit einheimischen Gehölzen bepflanzen. Schwungvoll modelliertes Gelände oder Rasenflächen sehen besser aus als platte Beete, außerdem läßt sich darin sehr gut ein Bachlauf einfügen.

Schon beim Aushub heißt es zu modellieren. Die erste Terrasse wird auf 60 bis 80 Zentime-

ter Tiefe angelegt, bevor die nächsttiefere markiert und ausgehoben wird. Fallen die Seitenwände steiler als 1:1 aus, aber auch generell, sind angesichts der Tiefe Abstützmaßnahmen und Vorkehrungen gegen Einsturz angebracht. Stößt man auf wasserführende Schichten, empfiehlt es sich, nicht tiefer zu gehen, weil der Wasserdruck im Teich Grundwasser nach oben drückt – spätere nasse Stellen in der Umgebung des Teiches sind vorprogrammiert. Je tiefer der Teich, desto angenehmer und kühler wird der spätere Badebetrieb ausfallen, desto weniger wird auch Mulm zum Problem, wird ein Naturteich zum Verlanden neigen.

Badeteiche erreichen Tiefen von 160 bis 300 Zentimeter. Für Kinder sind flachere und wärmere Zonen empfehlenswert.

32 Der wertvolle Mutterboden wird sauber in Mieten aufgesetzt und später bei der Gartengestaltung wieder eingebaut.

33 Bagger oder Radlader heben die Grube aus. Der anfallende Boden muß entsorgt werden. Noch besser ist es, damit zu modellieren.

34 Allmählich schält sich die Teichform heraus, die Ränder werden mit geeigneten Geräten nachgearbeitet.

35 Die Teichgrube wirkt gewaltig. Ist das Wasser erst eingefüllt, wird sich der Eindruck wieder relativieren.

36 Damit es später keine Beschädigungen an der Folie gibt, wird die Teichform sorgfältig geharkt und geglättet.

Teichkante herstellen

Natürlich geschwungene Uferlinien sind sicherlich das, wovon die meisten potentiellen Teichbesitzer träumen. Dennoch zählt der Randbereich zu den Zonen, wo die meisten Fehler passieren können. Genaues, durchdachtes Arbeiten und eine Teichkante in gleichmäßiger Höhe sind nötig. Wie bei jedem Gartenteich sollte die »Dochtwirkung« ausgeschaltet sein, durch die ständig Wasser aus dem Teich in das umliegende trockenere Gelände gesogen wird. Besonders bei großer Hitze fällt der Wasserstand durch eine Uferzone mit feuchten Erdübergängen und durch Verdunstung täglich um zwei bis drei Zentimeter. Senkrecht hochgezogene Folien unterbrechen den Durchfluß der röhrenförmigen »Kapillaren«. Wie die Ränder im Pflanzenbereich aussehen können, zeigen die Skizzen bei den Objekten.

Professioneller und dauerhafter sind sorgfältig einnivellierte Kanten aus stabilen rechteckigen Konstruktionshölzern, mit denen sich auch Rundungen meistern lassen. In ein Bett aus verdichtetem Magerbeton oder Mineralgemisch verlegt und zusätzlich mit Ketten oder Erdankern gesichert, halten sie auch später größere Belastungen aus. Das Bio-Teich-Verfahren verwendet Betonkantensteine mit den Maßen fünf Zentimeter (Dicke) zu 20 Zentimeter oder mehr (Höhe) und 50–100 Zentimeter in der Länge, die in Magerbeton verlegt oder in Zementschlämme vergossen werden. Über diese Kantensteine wird anschließend die Folie gezogen.

37 Diese Teichkante ersteht aus stabilen Holzbalken, die auf Mineralgemisch stehen.

38 Besseren Halt garantiert die Verankerung mit Ketten. Auch aus Betonplatten lassen sich Kanten formen.

39 Die Teichkanten müssen unbedingt in Waage sein. Mit einem Nivelliergerät kann man genau arbeiten.

Abtreppung einrichten

Wie gelangt man am besten und angenehmsten ins Wasser und wieder heraus?

Über einen Steg und eine daran befestigte Leiter einzusteigen, bietet sich als probate Lösung an, vor allem wenn der Platz knapp ist und schnell eine größere Tiefe erreicht werden soll. Die meisten Badeteichfans können sich damit jedoch nicht auf Dauer anfreunden. Da jede Folienoberfläche glatt und rutschig ist, wird eine Bedeckung benötigt, die die Folie schützt und den Füßen Halt bietet. Auf festem, verdichtetem Lehmboden kann man den Untergrund terrassenförmig modellieren, die Folie beidseitig durch Geovlies schützen und zusätzlich durch Rollkies und eingelegte Trittplatten für einen bequemen Einstieg sorgen.

Profis verwenden gerne stabile Holzbalken, die in sich verkeilt, in Betonfundamenten verankert oder mit Gegengewichten gegen Auftrieb gesichert werden. Dieser natürliche, angenehme Baustoff paßt zum Ambiente, läßt sich jedoch für handwerklich nicht ganz so Geschickte weniger gut verarbeiten.

Im Beispiel war der Untergrund gegen Abdriften zu sichern, gleichzeitig sollte der Strandcharakter bewahrt werden, was angesichts des feinen Sandes nicht ganz einfach war. Betonmauern waren nicht erwünscht. Die Lösung fand sich in Form eines treppenförmigen Ein- und Ausstiegs, der mit vorhandenen Baumstämmen gebaut wurde. An Erdankern befestigt und dick in Geovlies eingewickelt, halten die niedrigen Mauern aus Stämmen unter der Folie dem Druck stand, verrotten – da im Trockenen – nicht und halten den Sand zurück.

40 Nicht sofort in die Tiefe abschrägen! Eine umlaufende Abtreppung als flache Sumpfzone bringt manche Vorteile.

41 Rundungen herzustellen, ist schwierig. Hier wurden Holzelemente passend zugeschnitten. Wichtig: Steine entfernen!

42 Nicht Beton, sondern Baumstämme werden hier benutzt, um eine Abtreppung zu bauen. Erdnägel geben der Konstruktion Halt.

43   Improvisation ist alles!
Die einfache Treppe aus Holz soll
der Folie Halt geben, den Sand
vor dem Abdriften bewahren.

44   Ganz wichtig ist bei
diesem Material der Schutz der
Folie. Eine zweifache Lage Geovlies schützt vor Beschädigungen.

43

44

Statt solcher Bauwerke kann man auf tragfähigem Untergrund auch terrassieren und entweder – unter der Folie – die Kante in Form einer Wulst aus Kunststoff-Drainagerohr (Flexrohr) fixieren oder – auf der Folie – eine Wulst aus geglättetem und verdichtetem Magerbeton (1 : 6–7) anbringen.

Reinigungsstufe herstellen

Schwimmteil und Regenerationszone sollen möglichst gut getrennt gehalten werden. Hierzu sind stabile Mauern erforderlich, die den 80 bis 100 Zentimeter tiefen Klärteil vom tieferen Badebecken trennen.

Die professionelle Lösung verwendet Schalbeton. Die Selbstbau-Methode bedient sich – so vorhanden – der Natursteine oder aber der beim Sandboden bewährten Bauweise aus auf dem Grundstück vorhandenen Stämmen. Sowohl Stämme als auch Steine müssen durch Geovlies-Lagen sorgfältig gegen den dauernden Wasserdruck geschützt werden, bevor die Folie das Ganze bedeckt.

Die Größe der Reinigungsstufe, in der dichter Bewuchs von Über- und Unterwasserpflanzen das umlaufende Wasser klärt, hängt vom verwendeten Verfahren ab. Mit angeschlossener Vorklärung durch Bachlauf und Umwälzpumpe ist damit ein Drittel der Wasserfläche belegt. Richard Weixler, der ohne Pumpe auskommen will, rechnet mit der halben Wasserfläche für die Reinigungszone.

Maximal ein Meter tief, bietet ein terrassenförmiger Aufbau im flacheren Wasser von 40 bis 20 Zentimeter Tiefe ideale Wuchsbedingungen für eine Vielzahl von grünen und blühenden Repositionspflanzen. Unterwasserpflanzen wie die vielen Arten von Laichkraut *(Potamogeton)*, Hornkraut *(Ceratophyllum)* und Schwimmpflanzen wie Wasserschlauch *(Utricularia vulgaris)*, Tausendblatt *(Myriophyllum spicatum)* und Krebsschere *(Stratiotes aloides)* sorgen mit ihrer lebhaften Vegetationstätigkeit und mit ihrer Sauerstoffproduktion für den Abbau der Nährstoffe.

45   Die Barriere zwischen Badeteil und Pflanzenklärung wird nach dem gleichen System errichtet und mit Folie überzogen.

46   Der Einstieg nach der Fertigstellung. Die zweifache Stufe erweist sich beim Betreten und Verlassen als angenehm.

Geovlies, Sand oder Magerbeton ausbringen

Teichfolien sind einem enormen Wasserdruck ausgesetzt. Ein glattes, sauberes Bett ist daher Voraussetzung, wenn der Teich dauerhaft dicht bleiben soll. Schon die kleinste Verletzung durch spitze Gegenstände wie scharfkantige Steine, Wurzeln oder Glassplitter kann enorme Schäden zur Folge haben.

Es ist daher besonders wichtig, daß die Teichschale eine fünf bis zehn Zentimeter dicke, weiche Schicht aus gesiebtem, feinem Sand erhält und daß vorher alles Störende abgeharkt und abgesammelt wird. Zusätzlichen Schutz verleiht ein Geovlies, das unverrottbare »Sandbett von der Rolle«. Diese dichte Matte aus Kunststoff- oder Textilgewebe puffert Unebenheiten ab. An steilen Kanten wird sie gegen Abrutschen gesichert, auf der Mauerkante verschraubt oder überlappende Bahnen thermisch verschweißt.

Viele Gestalter bewerfen die fertige Teichschale gerne mit einer dünnen Schicht aus Magerbeton (1:6–7), glätten sie und lassen sie aushärten. Auf diesem perfekten Untergrund wird dann die Folie ausgebracht und zumindest im Randbereich zusätzlich mit einem Schutzvlies belegt sowie mit einer Schicht Schotter oder Kieseln versehen, in denen Pflanzen in Körben wurzeln. Magerbeton eignet sich auch zum Modellieren, zum Einbau von Steinen oder zur Anlage von Bachläufen.

Folie auslegen

Zur Abdichtung von Schwimmteichen wird meistens nur Folie verwendet. Weit besser als zum Beispiel Ton ist sie am leichtesten auszulegen, abzudichten und sauber zu halten. Die verschiedenen Sorten werden im Handel in den Dicken 1,0, 1,2 oder 1,5 Millimeter angeboten.

■ Kautschukfolie besteht aus umweltfreundlichem Synthese-Kautschuk (EPDM). Sie enthält keine Weichmacher, keine Giftstoffe und ist daher vorzuziehen. Nachteil: sie ist teurer als PVC-Folie. Dafür ist sie sehr geschmeidig, läßt sich selbst bei kalten Temperaturen verarbeiten, was beim Teichbau im zeitigen Frühjahr oder Herbst ein Vorteil sein kann.

■ Polyethylen-Folie (PE, PEHD) gilt als umweltfreundlich, da sie beim Entsorgen keine Probleme bereitet. Nachteil: sie ist steif, fest und läßt sich daher schwerer verlegen. Mögliche Löcher können längst nicht so leicht und haltbar geflickt werden wie bei PVC-Folien. Dafür scheint sie den Bisamratten (in manchen Gegenden ein Problem) nicht zu schmecken.

■ PVC-Folie (PVC = Polyvinylchlorid) ist in großen Mengen preisgünstig am Markt. Verlegen, Löcher reparieren und Anflicken (»Verschweißen«) von kleinen Bahnen durch Anlösen mit PVC-Kleber sind kein Problem. Die Folien gibt es in verschiedenen Farben: schwarz, braun, oliv und cremeweiß (laminierte Ware von Interplastic, Wels). Nachteil: PVC steht wegen möglicher Krebsgefahr bei der späteren Entsorgung in der Kritik.

Für alle Neu-Produkte übernehmen die Hersteller jedoch langjährige Garantien für die Haltbarkeit, Frostbeständigkeit und Schadstofffreiheit. Nicht empfehlenswert sind die untersten Preisklassen, die meist aus recyceltem Material bestehen.

Soll man Bahnen selbst verschweißen? Eindeutig nein! Das Risiko, daß die Folie undicht wird, ist viel zu groß. Nur in Bachläufen und bei wenigen Metern, zum Anfügen einer Sumpfzone zum Beispiel, kann man bei Mindesttemperaturen von 12 bis 15 Grad die Bahnen mit Quellschweißmittel anlösen, fünf Zentimeter überlappend aufeinanderlegen und nach einigen Minuten durch gleichmäßigen Druck (Sandsack nachziehen) verschweißen.

Gartenbauunternehmen verschweißen die Folienbahnen gerne vor Ort. Das hat den Vorteil, daß die Folie passend zu den vorhandenen Verhältnissen genau zugeschnitten wird, wobei kaum Falten vorkommen. Die Dichtigkeit wird sofort geprüft, notfalls wird nochmals aufgerissen und nachgeschweißt.

Für Selbermacher empfiehlt es sich, den Service namhafter Hersteller in Anspruch zu nehmen. Messen Sie mit einem Maßband oder ausgelegter Kordel Breite und Länge genau aus, geben Sie für die Ränder 30 bis 40 Zentimeter hinzu und lassen Sie sich – eventuell mit einer kleinen Zeichnung – die Folie in einem Stück in der Fabrik thermisch oder elektrolytisch verschweißt, mit voller Garantie, passend anfertigen. Bei rechtzeitiger Planung ist dies in einer Woche geschehen.

Wie die Folie ankommt (auf Palette, mit Entrollplan), zeigt die Bildserie. Beachten Sie das erhebliche Gewicht und stellen Sie sicher, daß die Rolle am günstigsten Punkt abgesetzt wird. In unserem Beispiel verwendeten wir einen Trecker, der rückwärts zur tiefsten Stelle fuhr. Dort wurde die Rolle ausgepackt, mit einem eingeschobenen Rohr in die Gabel gehängt und dann mit mehreren Helfern in wenigen Minuten problemlos ausgelegt. Um die 35 Meter lange und 15 Meter breite Folie gänzlich auseinanderzuziehen, waren für kurze Zeit acht Helfer nötig. Erst nachdem das Fahrzeug die Teichgrube verlassen hatte, wurde die Abtrennung für den Pflanzenteil gebaut.

47   Das Gewicht der in einem Stück maßgenau angefertigten Folie ist erheblich. Ein Traktor bringt sie an den tiefsten Punkt.

48   Die runde Stange erlaubt das Einhängen der Rolle in der Hydraulik-Gabel des Traktors. Danach ist das Abrollen unproblematisch.

49   Deutlich zu erkennen ist das Geovlies in der Teichschale. Es schützt die Folie über die Kante hinaus.

50   Hau ruck! Der Anfang ist gemacht. Zwei Helfer ziehen den Rollenanfang über die Teichkante.

51 Während der Traktor
rückwärts fährt, läßt sich die
Folie ohne wesentlichen Kraft-
aufwand abrollen.

52 Ganz anders beim Aus-
einanderfalten und Ausbreiten
der schweren Folienbahn. In dieser Phase ist jede Hilfe willkom-
men.

51

52

Teichgrund einbringen

Nährstoffarm soll das Teichwasser sein, damit sich keine Algen bilden. Infolgedessen bleibt der Schwimmteil pflanzenfrei. Selbst im Pflanzenteil soll das Substrat aus nährstoffarmem, durchlässigem Material mit großer Oberfläche bestehen. Ideal sind Kies in einer groben Körnung oder grober Sand, locker in Schichten von 20 bis 30 Zentimetern Höhe eingefüllt. Darin werden in Körben die Pflanzen gesetzt, die dem Teichwasser die benötigten Nährstoffe entnehmen. Feste Absperrungen oder bewegliche aus mit Kokosfasern ummantelten 100-Millimeter-Drainagerohren verhindern, daß der Teichgrund verrutscht.

In der Übergangszeit, im Frühjahr und Herbst oder bis sich genügend Pflanzenleben entwickelt hat, können Probleme mit zuviel Nährstoffen entstehen. Ein biologisch wirksames Gegenmittel ist Zeolith in Form von »Aqua-Superton«. Dieses Lavaton-Granulat wird in einer Menge von vier Kilogramm pro Kubikmeter Wasserinhalt in Jutematten oder -schläuchen ausgelegt oder in einer Menge von ein bis zwei Kilogramm pro Quadratmeter in die Pflanzschicht des Teichgrundes eingearbeitet. Mit großer Oberflächenaktivität bindet es Nährstoffe und fördert die Bakterientätigkeit; Phosphor, Stickstoff, Kalium, gelöste Schwermetallverbindungen und andere Stoffe werden entzogen, das Wasser wird klar.
Das gleiche Präparat ist in Pulverform wirksam als zusätzliche Maßnahme zur Bekämpfung von Fadenalgen. 100 Gramm pro Quadratmeter werden gleichmäßig auf der gesamten Wasseroberfläche ausgebracht. Die Algen sterben schnell ab und können nach dem Aufschwimmen abgeschöpft werden.

53 Für den Bau der Barriere zwischen Bade- und Pflanzenteil ist es nötig, die Folie teilweise zurückzurollen.

54 Körniger Sand oder Kies bieten den Bakterien als Filter viel Oberfläche, enthalten aber keine Nährstoffe.

Wassereinlauf und Wasserqualität

Schon bald nach dem Auslegen der Folie, nach dem provisorischen Befestigen des Teichrandes, heißt es »Wasser marsch«! Solange sich die Teichmulde füllt, zieht sich die Folie in Ritzen, paßt sich dem Untergrund an. Jetzt kann man noch Falten ausgleichen, in Ecken anpassen oder überlappende Folie in sauberen Falten verlegen. Falten sind kaum vermeidbar und lediglich dort problematisch, wo sie den Badebetrieb stören.

Leitungs- oder Brunnenwasser ist als Teichwasser gut geeignet, nachdem es mehrere Wochen abgestanden und damit von Chlorgasen befreit oder mit Mitteln wie zum Beispiel »Aqua-Start« pflanzengerecht aufbereitet wurde. Wenn gutes Wasser aus eigener Bohrung zur Verfügung steht, steht dem Badevergnügen nichts mehr im Wege.

Lassen Sie die Wasserqualität bei Ihrem Wasserwerk testen, auch um kommende Entwicklungen, Pflanzenbesatz usw. einschätzen zu können. Wichtig sind der Härtegrad (Karbonathärte), der zwischen acht und zwölf Grad deutsche Härte (dH) liegen sollte sowie der Säuregrad (pH-Wert), der zwischen sechs und acht akzeptabel und mit sieben bis siebeneinhalb ideal ist. Einen zu niedrigen pH-Wert kann man durch Zugaben von Düngekalk anheben, einen zu hohen durch Einleitung einer organischen Säure wie Oxalsäure, Zitronensäure, Ameisensäure oder auch durch Salzsäure absenken. Auch Torf senkt den pH-Gehalt, ist jedoch eher für kleinere Teiche gedacht.

Mit geeigneten Testsets (gibt es im Handel zum Beispiel von Ubbink oder Neudorff) kann man die Wasserqualität selbst grob ermitteln. Genauer sind die Analysen des Wasserwerks.

An den Überlauf denken!

Schneller als man glaubt, ist der Ernstfall da. Der Teich läuft über!

Da wir den Badeteich immer randvoll genießen wollen, verfügt die große Wasserfläche über keinerlei Reserven, wenn einmal ein kräftiger Gewitterregen niedergeht. Schnell steigt der Wasserstand an, denn auf jeden Quadratmeter ergießen sich plötzlich 10, 20, ja sogar 30 Millimeter. Wohin mit den unvorhergesehenen Massen? Sumpfbeete als geeignete Ausweichquartiere sind in ihrer Aufnahmefähigkeit schnell erschöpft und selten ist die gesamte Teichanlage so gebaut, daß der Wasserstand ohne Schaden ansteigen kann.

Besser ist es, rechtzeitig für eine 100-Millimeter-Rohrleitung als Abfluß zu sorgen, die sich in die Kanalisation oder in einen genügend großen Sickerschacht entleert. Ihr Eingang soll genau auf der Höhe des gewünschten Normalwasserstandes liegen.

55

56

55   Während sich der Teich allmählich mit frischem Wasser füllt, besteht noch Gelegenheit, Falten auszugleichen.

56   Ein Überlauf nimmt bei starken Regenfällen Niederschläge auf und führt sie in geregelter Weise ab.

Genauso wichtig wie die Ableitung kann auch der Zufluß frischen Wassers sein, um den Verlust durch Verdunstung oder Dochtwirkung auszugleichen. Im Handel gibt es Schwimmerkästen, die schon bei einer Differenz von zwei Zentimetern den Nachschub freigeben. Ein häufiger schwacher Zufluß wirkt sich auf Tiere und Pflanzen günstiger aus als größere Auffüllaktionen.

Allerlei Elektrik

Höchste Vorsicht ist geboten, wenn im Teich Umwälzpumpen laufen oder andere Elektrogeräte im Einsatz sind wie zum Beispiel Pumpen für Quellsteine und Wasserspeier, Mühlsteinbrunnen, Teichbeleuchtung oder Filter. Pumpen müssen zwar generell gut verdrahtet, die Verbindungen vergossen und sehr gut abgedichtet sein. Dennoch heißt es aufpassen, denn schadhafte Leitungen können lebensbedrohlich sein. Achten Sie darauf, daß alle Geräte das VDE-Prüfzeugnis tragen – nur dann kann man sicher sein, daß auch ausländische Erzeugnisse den hiesigen Sicherheitsnormen entsprechen.

■ Für Schwimmteiche müssen die Pumpen außerhalb angebracht sein, es sei denn, sie würden mit Schwachstrom über einen Trafo oder eine Solaranlage betrieben (nicht über 12 Volt). Grundsätzlich unterscheidet man zwei Typen:
■ Unterwasserpumpen (Tauchpumpen), werden in den Teich gestellt. Nach dem Einstecken des Steckers saugen sie das Wasser selbst an und drücken es nach oben zur Quelle. Sie sind äußerst wartungsarm, leise und robust. Man kann sie ständig im Wasser lassen, lediglich bei Frost werden sie nach dem Herausziehen des Steckers am Griff (niemals am Kabel) aus dem Wasser gezogen. Stellen Sie solche Pumpen immer auf ein Podest, damit sie nicht den Schlick ansaugen und sich sofort zusetzen. Ein größerer Wasserpflanzenkorb aus Weiden oder Kunststoff bewahrt sie vor dem Zusetzen. Unterwasserpumpen sind das Übliche beim Betreiben von Bachläufen. Trotz guter Eigenschaften ist von der Tauchpumpe bei Badebetrieb aus Sicherheitsgründen abzuraten.

57   Dieses 100-Millimeter-Rohr ist auch den Wassermengen bei Gewittern gewachsen. Der Abfluß führt in buschiges Gelände.

58   Aus optischen Gründen wird der Überlauf unter Steinen verborgen. Die Eigenkonstruktion erfüllt vollauf ihren Zweck.

Außenpumpen (Saugpumpen) mit Ansaugkorb und -rohr im Teich (dieses muß einen größeren Durchmesser als die Druckleitung haben) werden außerhalb des Teiches in einem Pumpenschacht untergebracht. Für den Bachlauf in Verbindung mit einem größeren Badeteich braucht man in der Regel stärkere Versionen mit 10.000, 20.000 oder 30.000 Liter Leistung pro Stunde. Über eine Saugleitung wird das Wasser aus tiefen Schichten herangeführt und anschließend oberirdisch weitergedrückt, um in Form eines Baches oder Wasserfalls zurückzufließen.

■ Es ist ratsam, sich von einem kompetenten Hersteller (der örtliche Vertreiber reicht meist nicht aus) über Dimensionen der Saug- und Druckleitungen, über Fördermengen und die erforderliche Pumpenstärke speziell beraten zu lassen.

■ Unbedingt notwendig ist eine spezielle Schutzsicherung, die bei Unfällen sofort den Strom abschaltet und sogar auf feinste Kriechströme empfindlich reagiert.

■ Nur Fachleute dürfen im Außenbereich elektrische Leitungen verlegen und anschliessen. Sämtliche Leitungen, Verbindungskabel, Steckdosen und Lampen müssen in wassergeschützter Ausführung verwendet und angeschlossen werden.

■ Ein Bachlauf erwärmt das Wasser schneller, er sorgt jedoch auch für im Durchschnitt höhere Temperaturen, was Vor- und Nachteile haben kann. Vor allem ist zu bedenken, wie lange ein solcher Wasserlauf täglich in Bewegung sein soll. Mitunter genügen schon ein paar Stunden, das schont auch die Kleinfauna im Teich. Schön ist auch ein rauschender Wasserfall, der einen Höhenunterschied ausnutzt. Zum Kostenfaktor wird die dazu nötige Pumpe nur, wenn eine große Menge Wasser über einen beträchtlichen Höhenunterschied transportiert werden muß.

Tip: Fertigen Sie sofort beim Verlegen von Kabeln und Wasserleitungen Fotos an und legen Sie diese Dokumentation für spätere Notfälle an geeigneter Stelle ab. Erst danach geht es ans Zuschütten der Gräben. Wichtig sind unveränderliche Bezugspunkte, die auch nach Jahren noch die Lage erkennen lassen. Platten, Ziegelsteine oder Rohre schützen die empfindlichen Leitungen gegen ungewollte Beschädigungen mit dem Spaten.

Filteranlagen finden in einem Bioteich, der trübes Wasser über Pflanzen klärt, wenig Beachtung. Anders der Naturfilter aus Kokosfasern (Cocofil), der den Ansaugstutzen der Teichpumpe umgibt, vor Verstopfungen schützt und sie langfristig wirksam erhält.

Auch eine Absauganlage (Pumpe an einer Seite mit Überlauf in ein Sieb) kann sehr nützlich sein, denn durch den Pflanzenwuchs, durch Pollen oder Laub sind Verunreinigungen an der Tagesordnung.

59   Solaranlagen eignen sich zum Betreiben kleinerer Wasserspiele. Stärkere Pumpen müssen aus Sicherheitsgründen am Rand stationiert werden.

Ein Steg im Eigenbau

Ein Steg sieht nicht nur dekorativ aus, er erfüllt auch angenehme Funktionen. Hier kann man sich in der warmen Sonne aalen, mit Kopfsprung ins kühle Naß gleiten oder ein Picknick abhalten. Die Beine baumeln im kühlen Wasser, während Er oder Sie einen erfrischenden Drink genießen.

Ein Steg aus Fertigteilen ist nicht gerade billig. Eine echte Alternative ist daher der Eigenbau aus kesseldruckimprägnierten handelsüblichen Hölzern.

Gebraucht werden stabile Kanthölzer (z. B. 10 x 18 cm) für die Tragekonstruktion und (wegen der Rutschgefahr) geriffelte Bretter für die Auflagefläche, (z. B. 2 x 12 cm), beides aus kesseldruckimprägniertem Holz.

Zunächst werden vier 80 Zentimeter lange Pfosten für die Widerlager im gewachsenen Uferboden und zwei weitere als Halt für die Tragekonstruktion einbetoniert.

Mit Winkeleisen aus dem Baumarkt entsteht eine feste Verbindung mit den Kanthölzern der Unterkonstruktion, die nun bereits stabil genug ist, um den Steg zu tragen.

Zusätzlichen Halt erhält das Ganze durch eine Leiter, deren Pfosten sicher auf dem Teichgrund stehen. Um den Druck zu verteilen, hat man sie hier in Maurer-Eimern aus weichem Kunststoff einbetoniert (auf abgerundeten Boden achten!). Durch zusätzlich untergelegtes Vlies ist die Folie auf Dauer gegen Durchdrücken geschützt.

Die Gehfläche entsteht aus stabilen Brettern (Länge: 100 cm). Rostfreie Schrauben schaffen die Verbindung. Wenn alles fertig ist, verleiht ein gerader Schnitt mit der Handkreissäge dem Steg den letzten Schliff.

60

61

62

63

60   Ein Steg entsteht aus imprägnierten Kanthölzern. Träger und Pfosten werden mit Flanschen stabil verbunden.

61   Die Stützen für den Steg werden in Kunststoffeimern mit weichem Boden einbetoniert

62   Das Festschrauben der vorgebohrten Planken erfordert genaues Arbeiten. Wegen der Rutschgefahr geriffeltes Holz wählen.

63   Sonnenplatz, Sprungschanze und optische Bereicherung zugleich ist dieser preisgünstige Steg.

Bepflanzung am Uferrand

Wie schon erwähnt, sind die Pflanzen am besten in Körben aus Kunststoff, Weidenruten oder Kokosgewebe aufgehoben. Eine gute Alternative sind auch die Wasserpflanztüten, die es in verschiedenen Größen gibt. Man setzt die Pflanze hinein, zieht den Beutel zu und kann ihn so leicht an die gewünschte Stelle dirigieren. Die Wurzeln dringen durch die Ritzen nach außen und filtern die benötigten Nährstoffe aus dem Teichwasser; je »hungriger« also die Pflanzen sind, desto aktiver entwickeln sich ihre Wurzeln. Dem entspricht auch das verwendete Substrat, das aus sandigem Lehm und einem geringen Anteil Dauerhumus besteht (z.B. Perlhumus), um durch viel Huminsäure das Wurzelwachstum anzuregen.

Gedüngt wird nicht mit sofort löslichen Mineralsalzen, sondern, falls erforderlich, (z.B. bei Seerosen) mit Hornspänen, die nach der Umsetzung durch Mikroben allmählich Stickstoff freisetzen.

Die meisten Wasserpflanzen werden entweder unter Gleichgesinnten getauscht oder im Gartencenter erstanden, das über viele Monate hinweg eine reiche Auswahl vorrätig hält. Empfehlenswert ist ein Besuch in einer Wasserpflanzengärtnerei – ein Erlebnis sind vor allem die Seerosenteiche mit ihrer Vielfalt an Sorten. Selbst mitten im Sommer kann noch gepflanzt werden. Seerosen sollten allerdings spätestens Anfang August ihren Platz finden.

Achten Sie auf einen schonenden Transport. Allzuviel Hitze und Sonne vertragen die empfindlichen Wasserpflanzen nicht. Gewöhnlich sind sie in Plastikbeuteln verpackt, damit sie nicht austrocknen können. Zuhause angekommen, sollte gleich mit dem Pflanzen begonnen werden.

Seerosen brauchen einen Korb von mindestens 25 Zentimeter Länge, Breite und Höhe. Er wird mit Jutegewebe ausgeschlagen, damit das lehmhaltige Substrat nicht durchrieselt.

Mit scharfem Messer gilt es nun, verletzte Wurzeln und Blätter zurückzuschneiden bis ins gesunde Gewebe. Nur die fleischige Rhizomspitze treibt aus. Wir schneiden sie bei zirka 20 Zentimeter Länge ab und desinfizieren die Schnittfläche gegen Fäulnis mit Holzkohlenpuder (von Holzkohle mit einem Messer abkratzen). Das Rhizom erhält seinen Platz auf einem Hügel, die fleischigen Wurzeln nach allen Seiten ausgebreitet. Eine fingerdicke Lage Substrat dient als Bedeckung.

Nun wird der ganze Wurzelstock in Gewebe eingeschlagen und mit einem Stein beschwert. Dann wird vorsichtig geflutet. Seerosen wollen zunächst in wärmerem Oberflächenwasser anwachsen, bevor sie nach zwei bis drei Wochen auf die endgültige Tiefe abgesenkt werden. Durch Unterfüttern mit Steinen läßt sich übrigens jede gewünschte Tiefe herstellen.

Bei anderen Wasserpflanzen reißt man lediglich stark verfilzte Wurzelballen auf, setzt sie in selbst gefertigtes Substrat oder Wasserpflanzenerde. Fast alle Pflanzen entfalten bald ein üppiges Wachstum. Seerosen beanspruchen je nach Sorte anderthalb bis zwei Quadratmeter Platz. Auch Pfeilkraut *(Sagittaria)*, Papageienfeder *(Myriophyllum aquaticum)* und Froschlöffel *(Alisma)* gehen kräftig in die Breite. Von den meisten Wasserpflanzen braucht man jedoch fünf bis sieben Stück pro Quadratmeter.

Blanke Folienränder am Ufer sehen häßlich aus und müssen nicht sein. Sofern sie sich trotz der Vorgaben für die Randgestaltung (vgl. Seite 16 ff.) nicht vermeiden lassen, verdecken Böschungsmatten aus Jutegewebe oder Kokos den Uferrand. Gut geeignet sind auch, besonders an steilen Stellen, Böschungstaschen aus Kokos (von Ubbink) oder Taschenmatten für Repositionspflanzen (Cocogreen), in die vorgezogene Pflanzen gesetzt werden. Schnell überdecken sie – auch nachträglich und an sehr steilen Stellen – unschöne Ränder. Als Schutz für die Teichfolie und als Bedeckung im ufernahen Bereich dient Cocowol, eine flauschige Matte aus Kokosfasern, die dem Teichrand ein natürliches Aussehen verleiht.

Bei Steinen sollten Sie lieber einige wenige Gruppen aus großen Steinen verwenden, die liegend in natürlicher Stellung eingebaut werden, als viele kleine. Kalkfreier, runder Schotter dient zum Abdecken der Folienränder. Sehr gefällig sieht auch die mit körnigem Kies bestreute Steinfolie aus.

64   Nützliches Zubehör für Wasserpflanzen sind Kunststoffkörbe, Ballentuch und Wasserpflanztüten.

65   So pflanzt man Seerosen: Die Spitze des Rhizoms sauber abschneiden, Wurzeln flach ausbreiten, mit Erde bedecken.

66   Wichtig: Den Korb mit Tuch ausschlagen, damit die Erde nicht wegschwemmt; anschliessend mit Steinen beschweren.

67   Vorsichtig senkt man den Korb ins Wasser. Die Seerosen brauchen zum Anwachsen zunächst flacheres, wärmeres Wasser.

68   Blanke Folienränder müssen nicht sein. Böschungsmatten aus Jute oder Kokos schützen und bedecken den Uferbereich, nehmen Pflanzen auf.

69   Böschungstaschen sind die optimale Lösung für steile Stellen und für nachträgliche Verschönerungen.

67

68

69

Vielseitige Badeteiche
aus Nord und Süd

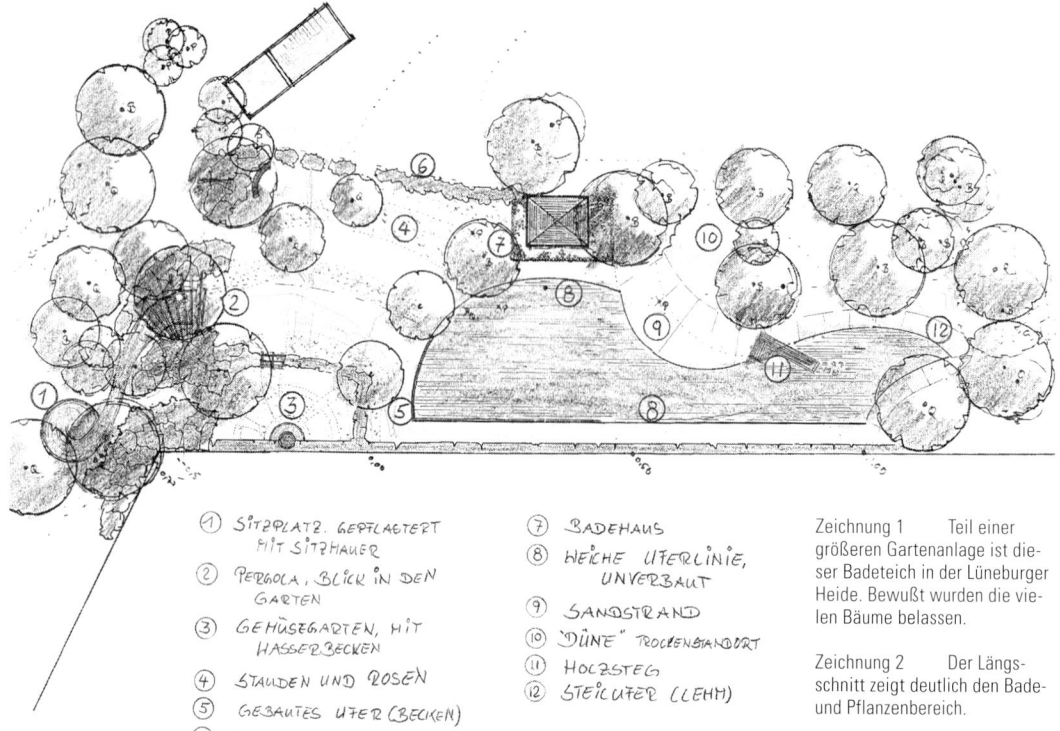

1. SITZPLATZ. GEPFLASTERT MIT SITZMAUER
2. PERGOLA, BLICK IN DEN GARTEN
3. GEMÜSEGARTEN, MIT WASSERBECKEN
4. STAUDEN UND ROSEN
5. GEBAUTES UFER (BECKEN)
6. KLETTERROSEN
7. BADEHAUS
8. WEICHE UFERLINIE, UNVERBAUT
9. SANDSTRAND
10. "DÜNE" TROCKENSTANDORT
11. HOLZSTEG
12. STEILUFER (LEHM)

Zeichnung 1   Teil einer größeren Gartenanlage ist dieser Badeteich in der Lüneburger Heide. Bewußt wurden die vielen Bäume belassen.

Zeichnung 2   Der Längsschnitt zeigt deutlich den Bade- und Pflanzenbereich.

Badeteich mit Strand

Die Einweihung hätte nicht später sein dürfen: Gerade rechtzeitig zum Beginn einer Hitzeperiode mit über 40 Grad wurde dieser 250 Quadratmeter-Teich in der Lüneburger Heide fertig und sofort mit Wasser aus eigener Hausanlage gefüllt.

Wie er entstand, ist auf den bisherigen Seiten in allen Einzelheiten nachzuvollziehen. Anlaß zur Umgestaltung des ländlichen Gemüsegartens und der nicht mehr genutzten Pferdewiese waren die häßlichen Kraterlöcher entwurzelter Bäume. Das Gelände grenzt an einen Kiefern- und Birkenwald – landschaftlich reizvoll, aber wegen des ständigen Eintrages von Pollen, Blütenblättern, Samen und Laub nicht unproblematisch. Dennoch fiel aus Naturschutzgründen die Entscheidung für die Bäume – und damit für Netze, die im Herbst die Hauptlast des Nährstoffeintrags abfangen.

Der Heideboden besteht aus purem weißen, feinen Sand. Was liegt da näher, als sich einen Strand zu schaffen – eine Düne für den privaten Gebrauch? Der Sandstrand verleiht diesem Badeteich ein Stück Exklusivität und Individualität. Lassen Sie bei der Planung Ihres Teiches der Phantasie freien Lauf!

Der Schwimmteich besitzt mit zirka 250 Quadratmetern Oberfläche (maximale Ausdehnung von 32 Meter Länge und 12 Meter Breite) eine Größe, die zügiges Schwimmen zuläßt und bei zwei Meter Tiefe auch Sprünge vom selbstgebauten Steg herab ermöglicht. Zwei Seiten sind formal gestaltet mit geraden oder runden Kanten, der Rest geht in naturgemäße Gestaltung und in einen Rosengarten über, der nach englischen Vorbildern teils formal als Bauerngarten (Cottage-garden), teils mit geschwungenen Rasenwegen angelegt wurde.

Ein Bachlauf mit zwei kleineren Teichen und ein Wasserfall sorgen für die notwendige Bioklärung.

76 Natürliche Gestaltung herrscht vor im Pflanzenbereich. Der weiße Sandboden führte zur Idee, ihn gleich als Strand zu nutzen.

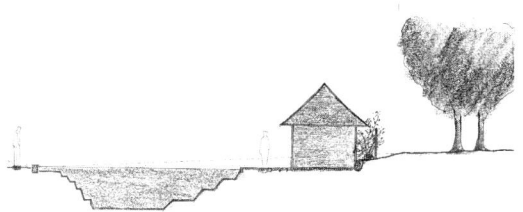

Zeichnung 3 Der Querschnitt läßt die terrassenförmige Abtreppung im Bereich des Ein- und Ausstiegs erkennen.

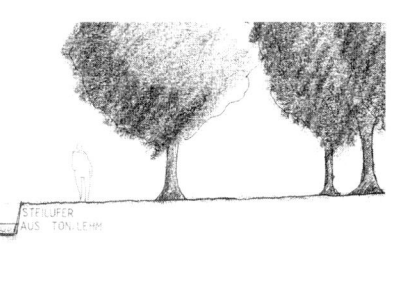

ALTE GELÄNDEHÖHE

STEILUFER AUS TON-LEHM

Waldteich mit Schatten

Nur sechs Stunden Sonne täglich genießt dieser 90 Quadratmeter große Schwimmteich in Oberösterreich – gerade genug, daß die Seerosen erblühen, nicht lange genug, um ein üppiges Algenleben zu gestatten.

Bei 240 Zentimeter Tiefe bleibt das Wasser auch in Hitzeperioden erfrischend kühl – in den oberen Schichten werden 28 Grad erreicht, in der Tiefe bleibt es bei 18 Grad.

Auch hier muß der Besitzer durch einen den Teich umgebenden Mischwald aus Laub- und Nadelbäumen mit erheblichen Mengen an Herbstlaub rechnen. Zur Vorbeugung wird die Wasserfläche vom 1. Oktober bis zum 15. November in 150 Zentimeter Höhe mit einem großen Netz überspannt.

Der Ein- und Ausstieg zum Baden ist über eine Holzleiter am Steg möglich.

Entsprechend der Philosophie von Richard Weixler, dem Planer und Erbauer, gibt es in diesem Teich nur pure Natur – keine Pumpen, keinen Bachlauf, keine Filter. Schon seit mehr als sechs Jahren geht das gut. Die Wasserumwälzung vollzieht sich durch den natürlichen Umtrieb; die Algenbekämpfung haben Pflanzen und Wasserflöhe (Daphnien) übernommen, die speziell gezüchtet, mit Hefe angefüttert und dann in mehreren Arten ausgesetzt werden. Ihre Hauptnahrung sind schwebende Algen. Außerdem filtern sie schädliche Bakterien.

Auch der Pflanzenwelt kommt eine große Bedeutung beim Klarhalten des Wassers zu. Groß ist die Artenvielfalt in den durch Teichsäcke aus UV-stabilisiertem Vlies abgeteilten Pflanzzonen. Mehr als 30 verschiedene Arten gedeihen im nährstoffarmen Schotter, Kies und Sand. Außerdem gibt es Unterwasserpflanzen in großer Zahl: Tausendblatt *(Myriophyllum)* in zwei Arten, Hornkraut *(Ceratophyllum)* und drei bis vier Arten Laichkraut *(Potamogeton)*.

77   Schattiges Gelände
verträgt sich durchaus mit
einem Badeteich.Das Wasser
kühlt immer wieder ab, bleibt
auch bei Hitze frisch.

78   Mitten in einer dicht-
besiedelten Wohngegend liegt
dieses Biotop. Vom Haus bis
zum Wasser sind es nur wenige
Schritte.

Mitten in der Siedlung

Es liegt dicht am Haus und trotzdem steckt dieses Biotop voller Natur. Sehr positiv haben sich Flora und Fauna in diesem 110 Quadratmeter großen Teich in Oberösterreich entwickelt.

Ringsum führen die Nachbarn ein ganz normales Siedlerleben, Wäscheleinen werden gespannt und Federball ist auf den Rasenflächen üblich. Erbauer und Besitzer sind Naturfreunde, die stolz darauf sind, daß es in den fünf Jahren freudiger und häufiger Nutzung weder nötig war, das Wasser auch nur teilweise zu wechseln, noch den Teichboden abzusaugen.

17 Meter lang, fünf Meter breit und zwei Meter tief: das sind Abmessungen, die in fast jeden Garten passen. Von der Terrasse bis zum kühlen Naß sind es ganze vier Meter zu laufen. Teichsäcke, mit grobem Kies gefüllt, bilden die Abgrenzung zum Badeteil.

Die verwendete Teichfolie (1,2 mm) besteht aus Kautschuk, stammt von Pirelli und ist besonders umweltfreundlich.

Viele Lurche kommen hierher zum Laichen – ihre jungen Stadien, Kaulquappen vor allem, ernähren sich von Algen. Übrigens – wer glaubt, alle würden groß, irrt bei weitem. Von 100 Kaulquappen schaffen es nur drei, ein ausgewachsener Frosch zu werden. Und auch diese haben in einer solchen Umgebung unter allerhand Verfolgungen zu leiden – Katzen sowie Vögel wie Amsel, Störche, Reiher und andere schätzen die Fliegen- und Mückenfänger als Beute. Ein Konflikt Mensch gegen Frosch findet nicht statt: Entweder wandern die Frösche zu Beginn der Badesaison ohnehin ab und führen ein Landleben in feuchten Gebieten, oder sie verstecken sich scheu im Pflanzenbereich.

79 Herrliche Blütenvielfalt: Im Vordergrund erkennt man eine Schwertlilie (*Iris germanica*).

Für Sportliche gebaut

Deutlich zu erkennen ist an diesem 180 Quadratmeter-Teich in der Nähe von Wels, Oberösterreich, die naturschonende Bauweise von Richard Weixler. Das Badebecken erreicht 280 Zentimeter Tiefe, nahezu das Maximum, das der Wasserstaubsauger erreichen kann.

Die Familie frönt den Wassersportarten, springt gern mit einem Kopfsprung ins Wasser und auch den Kindern ist an Planschen, Wasserballspielen und anderen Attraktionen gelegen. Die stabile Bauweise mit festen Abgrenzungen durch schwere Schottersäcke kommt dem entgegen.

Für kristallklares Wasser sorgt außerdem auf besonderen Wunsch eine Oberflächenabsaugung, die im einfachen Überlaufprinzip mit einer Pumpe betrieben wird. Verunreinigungen, die bei der Nähe des Grundstücks an einem Wald unvermeidlich sind, driften so zu einer Seite, stürzen mit einem Wasserfall herab auf ein Sieb, das in der Saison alle drei Tage ausgewechselt wird. Damit das Zooplankton nicht allzu sehr leidet, wird die Pumpe höchstens drei Stunden täglich eingeschaltet. Der Einstieg – im Hintergrund zu sehen – ist breit und bequem. Gebaut wurde er aus den auch sonst verwendeten Wassersäcken, die mit Mörtel geglättet und verdichtet wurden.

Zum schnelleren Hineinkommen gibt es hier einen Steg mit Sprungstein.

80   Deutlich erkennbar ist
die Bauweise mit schottergefüll-
ten Säcken als Abtrennung. Der
Einstieg ist breit und bequem.

81   Zwei Familien teilen
sich dieses große Wasserparadies in einer österreichischen
Ferienanlage.Ein breiter Streifen
aus feinem, gewaschenem Kies
dient als Strand, auf dem sich
die Kinder und Erwachsenen unbesorgt tummeln können.

Gemeinschaftsteich der Nachbarn

Wie ein natürlicher See in sonnendurchglühter Landschaft liegt er da, der 250 Quadratmeter große Schwimmteich in der Nähe von Wels, den sich zwei Familien teilen. Ringsum duftet es nach erntereifem Getreide, ein lauer Wind trägt Mähdreschergeräusche heran. Sommerstimmung in Oberösterreich. Und kristallklares Wasser lockt zum Bade.

So sieht die Ferienidylle der beiden Familien aus, die hier ihre Wochenendhäuser errichtet haben. Der Teich ist drei Meter tief. Dank gemeinschaftlicher Nutzung waren Platz und Mittel vorhanden, um die Anlage großzügig auszustatten. Auf zirka 30 Quadratmetern wurde gewaschener, feiner Kies angefahren. Daraus ist ein schöner, breiter Strand entstanden, auf dem sich beide Familien tummeln können. Von der langen hölzernen Brücke kann man sich unbesorgt in die Fluten stürzen. Daneben gibt es einen bequemen Einstieg mit stufenförmig verlegten Schottersäcken. Um sie dauerhaft zu schützen und das Laufen angenehm zu machen, erhielten sie jeweils eine Schutzschicht aus geglättetem Mörtel.

400.000 Liter Wasserinhalt und ein günstiger pH-Wert von sieben bis acht verhalfen von Enten eingesetztem Fischlaich zu günstiger Entwicklung. Wie stoppen? Der Versuch wurde mit einer stattlichen Lachsforelle unternommen. Nach mehreren räuberischen Monaten hatte sie angelfähige Größe erreicht, die Jungfische beseitigt, gleichzeitig aber unter den Wasserflöhen und anderen Wassertieren sehr kräftig »aufgeräumt«. Wo Fische sind, wird anderes Leben stark dezimiert. Gerade aber die Kleinstlebewesen sorgen für eine Klärung des Wassers, zum Beispiel von Algen. Unter diesem Gesichtspunkt ist von einer Fischhaltung abzuraten.

Richard Weixler hält in Teichen dieser Größenordnung auch nichts vom Einsatz der Teichmuscheln als Naturfilter. Sie leben vom und im Schlamm – gerade der aber ist in Badeteichen nicht erwünscht. Außerdem ist ihm die geringe Tagesleistung von »nur« 200 Litern »ein Witz«.

Mit Badehaus
und seltenen Molchen

Diese schöne Anlage von 140 Quadratmetern Größe wurde arbeitsteilig von Weixler mit der Kollegenfirma Halbartschlager in Zierning angelegt. Sie zeigt anschaulich die Bauweise mit tiefem Schwimmteil und flachen Regenerationszonen, in denen sich die Pflanzen ausbreiten können. Teichsäcke trennen die beiden Bereiche. Im Schotter- und Kiessubstrat finden die Pflanzen kaum Nahrung, sie holen sie aus dem Teichwasser. Über große Steinplatten und zusätzlich über eine Holzleiter gelangen die Badenden ins Wasser und wieder heraus.

Auch hier hat die Tierwelt vom angebotenen Biotop Besitz ergriffen. Kaulquappen vom Laubfrosch und Wasserfrosch grasen die Algen ab. Das Froschkonzert hält sich jedoch in Grenzen. Da vorwiegend einheimische Pflanzen aus entsprechenden Kulturen verwendet wurden, fand sich an manchen auch Laich heimischer und selten gewordener Lurche. Manche mögen auch zugewandert sein. Nicht nur der häufige braune Teichmolch sondern auch der schöne blauschwarz-gelb gefleckte Bergmolch, der bis zu 18 cm lange Kammolch und der Alpenkammmolch besiedeln dieses Gewässer. Molche sind scheue nachtaktive Tiere, die man selten zu Gesicht bekommt, aber bei zusagenden Verhältnissen gar nicht so selten auftreten, wie man glaubt. Sie ernähren sich von Würmern, Kerbtieren, Spinnen. Dem Menschen kommen sie nicht zu nahe; sie verstecken sich eher im dichten Gestrüpp von Unterwasserpflanzen, in Folienfalten, unter Steinen oder außerhalb des Teiches in Moos, Steinhaufen oder unter morschen Holzstößen.

Das klar gegliederte Badehaus mit dem begrünten Ökodach beherbergt Umziehräume, Geräte und im Winter die Gartenmöbel.

83/84 Wassersport im eigenen
Gewässer, Surfen und Tauchen
– in diesem größeren Teich ist
alles möglich. Der Bachlauf
läuft täglich nur 4 Stunden –
die Natur soll nicht allzu viel
gestört werden.

Surfen
im eigenen Gewässer

450 Quadratmeter sind eine Größenordnung, mit der Sportliche Ungewöhnliches anzufangen wissen. Auf dieser Wasserfläche in der Nähe von Linz, Oberösterreich, wird sogar gesurft. Wenn es auch für Wettkämpfe nicht reicht, können die Kinder doch üben, so lange es gefällt.

Die Besitzer sind mit Natur und Pflanzenwuchs einverstanden. In der Tiefe werden Unterwasserpflanzen wie Laichkraut *(Potamogeton)* oder aufliegende Schwimmpflanzen wie Tausendblatt *(Myriophyllum)* geduldet. Sollte der Wuchs überhandnehmen, tritt die Unterwasser-Sense in Aktion.

Ein Bachlauf wird mit Pumpenkraft drei bis vier Stunden täglich bewegt. Der kräftige Wasserfluß bringt eine deutliche Umwälzung, läßt jedoch das Zooplankton am Leben.

Wo man geht, ein- oder aussteigt, treten die Füße auf feinen runden Kies (Körnung 3–5 mm). Es geht sich angenehm darauf und gleichzeitig werden die Füße massiert.

Im Herbst und Winter überspannt ein 700 Quadratmeter großes Netz diese Anlage – der Laubeintrag von naheliegenden Bäumen wäre sonst zu groß.

84

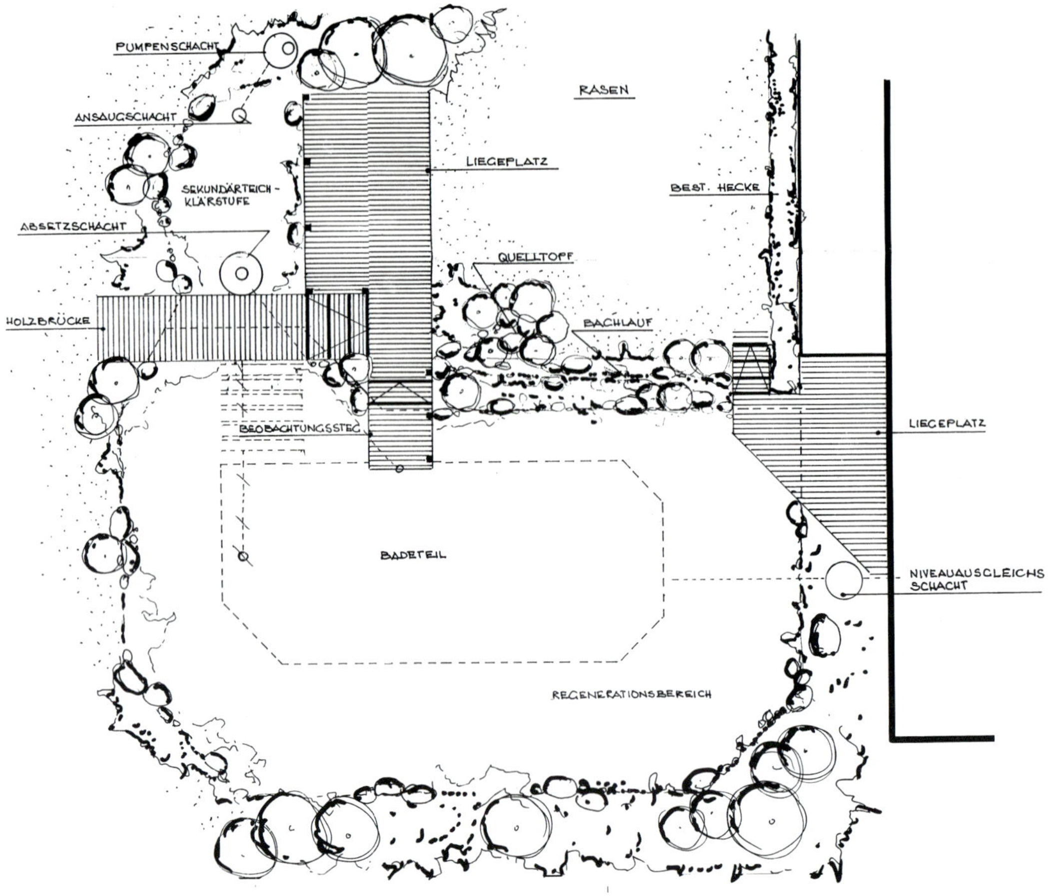

PUMPENSCHACHT

ANSAUGSCHACHT

RASEN

SEKUNDÄRTEICH-
KLÄRSTUFE

LIEGEPLATZ

ABSETZSCHACHT

BEST. HECKE

QUELLTOPF

HOLZBRÜCKE

BACHLAUF

BEOBACHTUNGSSTEG

LIEGEPLATZ

BADETEIL

NIVEAUAUSGLEICHS
SCHACHT

REGENERATIONSBEREICH

85

Zeichnung 4   Eine große und vielseitige Badelandschaft, die in einem schweizer Dorf entstand. Die Klärung und Reinigung des Badewassers erfolgt biologisch über Schlammschacht und Bachlauf. Beide fügen sich harmonisch ein.

85   Eine weite, große Rasenfläche mitten im Zentrum eines Dorfes in der Schweiz. Nach dem Umbau hat die Fläche erheblich an Attraktivität gewonnen und ist nicht wiederzuerkennen.

Ein Rasen
wird zur Badelandschaft

Wer dieses Grundstück – vordem eine langweilige Rasenfläche – mitten in einem Dorf im Thurgau/Schweiz gesehen hat, wird es nicht wieder erkennen. Es hat sich in eine lebendige Badewelt mit hohem Freizeit- und Erlebniswert verwandelt. Der 180 Quadratmeter große Schwimmteich mit gestalteter Gesamtanlage wurde von Norbert Lehnert-Hauenstein in Rombach bei Aarau erstellt. Naturverbundenheit und gleichzeitig technische Perfektion zeichnen auch die folgenden Teiche aus, die in Lizenz nach dem patentierten Bioteich-Verfahren des Österreichers Ulrich Kub aus Kallham entstanden.

Schritt für Schritt können wir an diesem Objekt verfolgen, wie ein Badeteich entsteht, der später keine Probleme aufwirft.

Nach einer Genehmigungszeit von zirka sechs Wochen begannen die Arbeiten mit dem Aushub der Teichgrube und gleichzeitig des Sickerschachts, der später den Inhalt des trichterförmigen Ablaufes an der tiefsten Stelle des Schwimmteiles aufnimmt.

Nach Plan wurden anschließend die Betonmauern gegossen, die den Schwimmteil von der umliegenden Regenerationszone abgrenzen. Schon jetzt werden auch anhand der Linie der Betonkantensteine deren Konturen und damit die spätere Wasserhöhe sichtbar. Nicht unwichtig: Der Absetzschacht sollte abgesichert werden, damit niemand während der Bauarbeiten hineinfällt.

86 Der Bagger hat weite Löcher in die Grasnarbe gerissen. Sickerschacht und Badeteil sind gut zu erkennen.

87 Aus Sicherheitsgründen ist der Sickerschacht abgedeckt. Schon zeigt der Badeteil Umrisse.

86

87

88   Der Pflanzenbereich
hat bereits ein Bett aus feinem,
schützendem Sand erhalten.

89   Das Auslegen und
Verschweißen der Bahnen aus
grauem Vlies geht zügig voran.

Zum Schutz der Folie wurde als nächstes eine dicke Schicht aus feinem, gewaschenem Sand als Grundlage aufgebracht. An den Kantensteinen übernehmen diese Funktion breite Bahnen aus Schutzvlies (Geovlies), die thermisch geheftet und miteinander überlappend verbunden wurden.

Bevor die Folie ausgebreitet wird, sollte noch einmal geprüft werden, ob auch wirklich keine Ecken, Kanten oder spitzen Gegenstände mehr hervorstehen. Die Bahnen der cremeweißen armierten PVC-Folie (Stärke 1,5 mm) wurden vor Ort thermisch verschweißt sowie auf Festigkeit und Dichte geprüft – und falls erforderlich nachbearbeitet. Eine Problemzone ist nicht nur der Randbereich, sondern auch der Schlammschacht, der besonders sorgfältiges Arbeiten erfordert.

Verschmutzte Materie, die ja nicht in den Schwimmteil geraten soll, wird hier durch einen doppelten Kranz aus vorgefertigten, 25 Zentimeter hohen Hölzern zurückgehalten. Der Kranz, der in sich stabil ist, ist mit Klammern in den Beton eingelassen und so gegen Aufschwimmen gesichert. Die hölzernen Treppenstufen wurden nach dem gleichen Prinzip verankert.

Große Findlinge prägen die Wasserlandschaft. In diesem Stadium des Teichbaus sollten sie ihren Platz finden, da dazu Großgeräte nötig sind.

90   Die cremeweiße Folie wird in Bahnen ausgelegt, beim Bau verschweißt und überprüft.

91   Ein Kranz aus vorgefertigten Hölzern als Schwelle hält später verschmutzte Materie im Pflanzenbereich zurück.

92   Ein Kranz von Kantensteinen gibt der Teichform festen Halt.Anschließend wird die Folie darübergezogen.

93

93   In diesem Stadium
beginnt die Gestaltung, Bagger
und Kräne fügen gewichtige
 Steine ein.

94   Das Wasser steigt und
überdeckt bereits die eingefüg-
ten Steine.Repositionspflanzen
beginnen mit der biologischen
Klärung.

95   Holzdecks verleihen
der Gestaltung zusammen mit
der Pflanzung den gewünschten
Schick.

96   Das Baden macht nicht
nur den Kindern Freude, die
ganze Familie folgt bald nach.
Die Wasserreinigung vollzieht
sich über die Wurzelsysteme der
Wasser- und Sumpfpflanzen.

94

Endlich kommt der große Augenblick: Das Wasser wird eingelassen. Nachdem Schwimmteil und abgetrennter Regenerationsteil geflutet sind, steht den Badefreuden nichts mehr im Weg. Höchstens noch die weiteren Arbeiten.

Schließlich wollen auch die umliegenden Flächen modelliert sein. Eine grobe Vorzeichnung der Landschaft kann der Bagger übernehmen, den man sowieso für die Aushubarbeiten oder das Bewegen der Findlinge braucht. Die Erdmassen des Aushubs wird man allerdings auf diese Weise nicht komplett wieder verbauen können. Der Rest wird entsorgt. Die anschliessenden Feinarbeiten mit Bodenverbesserung und Pflanzung verschlingen noch allerhand Zeit. Zeit allerdings, die man sich nehmen sollte; schließlich trägt die Gestaltung wesentlich zur gelungenen Nutzung des Grundstücks bei.

Als optische und praktische Blickfänge kann man zuletzt Laufstege und Decks aus Holz anbringen. Damit kommt dann schnell – nach all den Mühen – die verdiente Gemütlichkeit auf.

Eine anfängliche Wassertrübung ist durch harmlose Grünalgen bedingt und völlig normal. Nach kurzer Zeit klärt sich das Wasser.

97   Unmittelbar hinter der
Begrenzungsmauer beginnt der
Abhang. Auf diese Weise wurde
derl Platz optimal genutzt.

98   Der Idylle ist kaum anzusehen, daß sich alles auf stabile
Schwellenwände stützt. Aus
optischen Gründen verläuft der
Weg auf der massiven Mauer.

Vom Fischteich
zum Badeteich

Warum soll man nicht das Angenehme mit dem
Nützlichen verbinden? Baden in herrlicher Natur.
Wenn man den Kopf aus den Wellen reckt,
schweift der Blick aus der Froschperspektive
ungehindert über ein weites Tal. Dort, wo die
Landschaft noch intakt ist, im schweizerischen
Thurgau, hat sich eine Familie auf nur 80 Qua-
dratmetern diesen Traum verwirklicht.

Schon vorher gab es hier einen Fischteich,
allerdings völlig überwuchert und nicht mehr
funktionstüchtig. Das Grundstück ist klein und
liegt an einem steilen Hang. Voraussetzungen
also, die eine umsichtige Planung und auch
einigen technischen Aufwand erforderten.
Heute erhebt sich der Schwimmteil hoch über
den Hang – jeder Zentimeter ist geschickt genutzt. Mauern aus Beton, mit optisch ansprechenden massiven hölzernen Schwellen durch
Gewindestangen verbunden, fangen den Druck
der Wassermassen auf. Von außen ist das alles
nicht mehr zu erkennen, da die Vegetation vom
angebotenen Platz vor und zwischen dem Holz
schon Besitz ergriffen hat. Durch die Hanglage
ist trotz der nahen Bäume das Laub kein Problem – es wird einfach weggeweht.

Umgewälztes, sauerstoffreiches Wasser tritt
aus dem Hang – ideal für den reichen Fischbesatz. Bachforellen, generell heikler als Regen-
bogenforellen, gedeihen in dieser Umgebung
prächtig. Rotfedern dienen ihnen als Futter-
fische, doch bei guter Fütterung – so die Erfah-
rung des Besitzers – stellen sie auch das Jagen
ein. Sollte der Fischbesatz überhand nehmen,
lohnt es sich auch, einen Hecht als natürlichen
Regulator einzusetzen. Eine spezielle Lösung
wurde für die vielen Jungfische und für die
anderen Amphibien, zum Beispiel die Frösche,
gefunden. Für sie gibt es im gleichen Teich ein
separates flaches Becken, in dem sich das
Wasser schneller erwärmt. Eine Barriere aus
Rheinkieseln hindert die größeren Fische am
Zutritt, bietet dem Nachwuchs Schutz vor den
Eltern, denen es nichts ausmacht, schnell einmal zuzubeißen.

99 Aus einem bestehenden Fischteich wurde nach der Erweiterung ein Badeparadies am steilen Hang. Die Fische können in einem separaten Teich verbleiben. Die Brut ist durch Steinbarrieren geschützt.

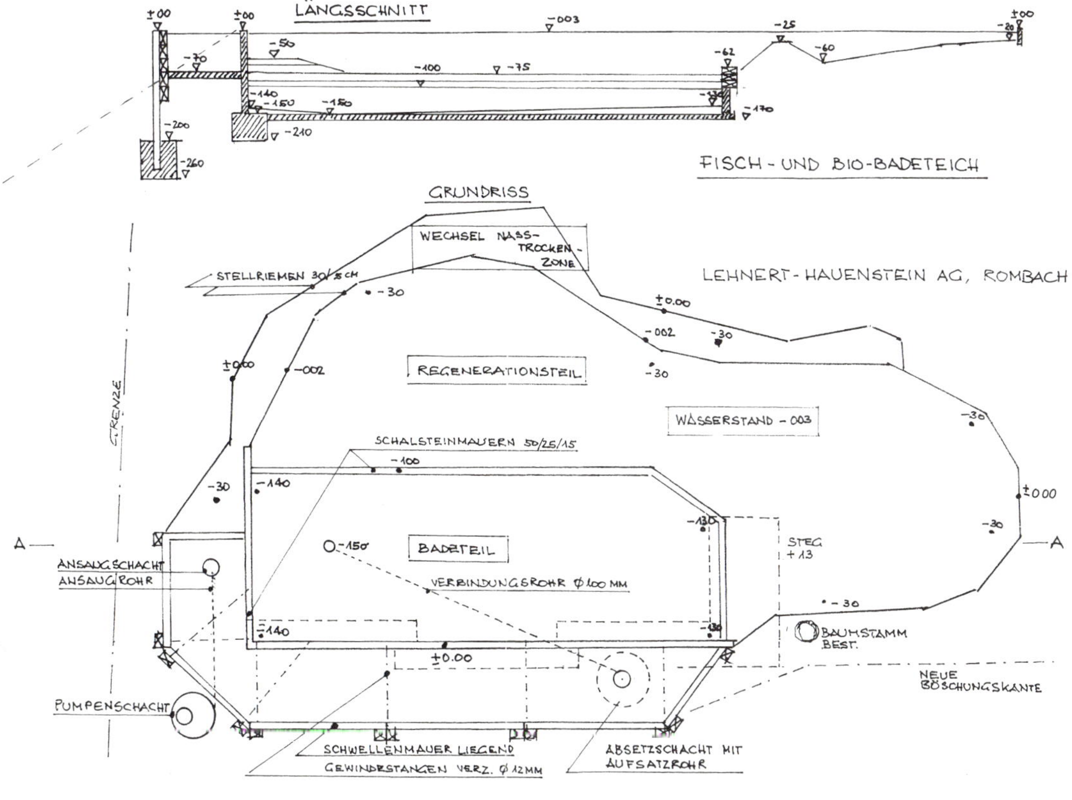

Zeichnung 5 Der Plan läßt die Schwierigkeiten dieses Grundstücks kaum erkennen. An einem Hang gelegen, waren für die Bade- und Absetzbecken erhebliche Konstruktionen zum Abfangen des Druckes erforderlich.

LÄNGSSCHNITT

±00 ±00 −50 −003 −25 ±00
−70 −100 ▽ −75 −62 −40 −29
−140 −150 −150
−200 −210 −170
−260

FISCH - UND BIO-BADETEICH

GRUNDRISS

WECHSEL NASS-TROCKEN-ZONE

STELLRIEMEN 30/15 CM −30

LEHNERT-HAUENSTEIN AG, ROMBACH

±0.00
−002 −30
±0.00 −002 −30
REGENERATIONSTEIL −30

WASSERSTAND −003

SCHALSTEINMAUERN 50/25/15 −30
−30 −140 −100

O −150 BADETEIL −135 STEG +13

VERBINDUNGSROHR Ø 100 MM −30

A A
ANSAUGSCHACHT −30
ANSAUGROHR BAUMSTAMM BEST.

−140 ±0.00 NEUE BÖSCHUNGSKANTE

GRENZE

PUMPENSCHACHT

SCHWELLENMAUER LIEGEND ABSETZSCHACHT MIT AUFSATZROHR
GEWINDESTANGEN VERZ. Ø 12MM

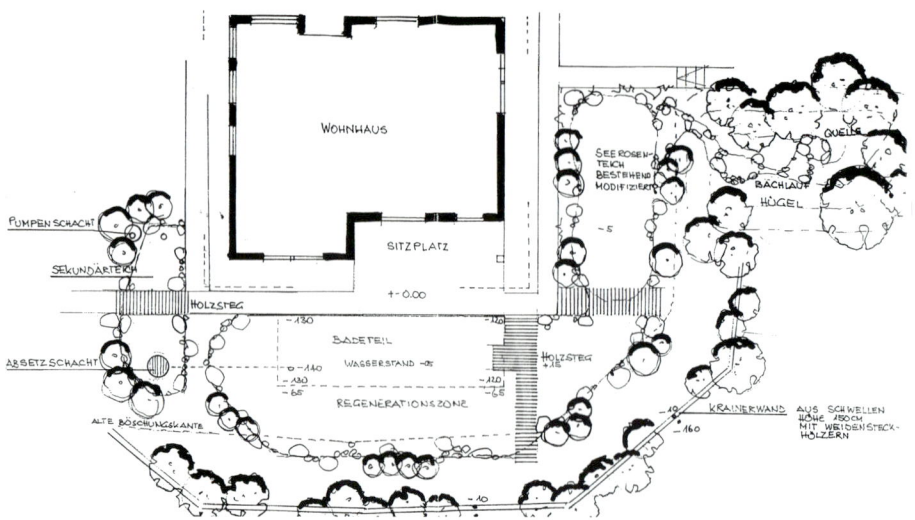

100

101

Zeichnung 6   Neben einem
Seerosenteich entstand ein neues Biotop.

100   Die herrliche Bade-
anlage grenzt unmittelbar an
einen steilen Hang.

101   So sah es vor Bau-
beginn aus. Noch wächst hier
grüner Rasen – das soll sich
bald ändern.

Naturparadies mit Fernsicht

Vom Wasser nicht genug bekommen kann diese Familie im schweizerischen Aargau. Mit einem kleineren Gartenteich schon lange vertraut, entstand bald der Wunsch nach einem Gartenteich. Das Grundstück ist schwierig, denn dicht neben der Terrasse fällt das Gelände steil ab. Dafür ist die Aussicht ins weite Tal grandios. Der Blick fängt sich an Feldern, Wäldern und im tiefer liegenden Dorf. Zur anderen Richtung jedoch »belebt« der Kühlturm eines entfernten Kraftwerkes mit seinen dichten Wolken die Kulisse.

Durch den langgestreckten Badeteich dicht an der Terrasse haben Haus und Garten bedeutend gewonnen. Für den Aushub brauchte es keinen weiten Transport – er wurde gleich nebenan zum Anfüllen genutzt, die Fläche konnte somit erweitert und auf den Hang hinaus geschoben werden. Viele abgerundete, große Steine aus der Umgebung, fachgerecht mit den Baumaschinen hineingehoben und liegend verbaut, unterstreichen den Naturcharakter. Der Absetzschacht mit der Pumpe ist in einem separaten Reinigungsteich untergebracht.

Und es gibt noch mehr funkelndes, murmelndes, plätscherndes Wasser in diesem grünen Paradies: Ein Bachlauf eilt von einem Hügel zu Tal, ergießt sich in den schon früher gebauten und jetzt neu aufgefrischten Gartenteich.

102   Aus dem Quelltopf tritt das Wasser in den Pflanzenbereich.

103   Weit schweift der Blick übers Tal. Das Badeparadies entstand in unmittelbarer Nähe zum Haus.

Idylle im Schatten

Längst nicht jedes Grundstück ist mit voller Sonne gesegnet. Weit häufiger hat sich im Laufe der Jahre das Licht davongestohlen. Bäume und Sträucher, einst niedrig und klein, bilden nach 10 bis 15 Jahren eine grüne Mauer, durch die sich nur für kurze Zeit ein Lichtstrahl verirrt.

So ist auch die Situation bei diesem Grundstück am Stadtrand von Basel, das an einem Hang gelegen ist. Eine Sichtschutzwand zum Nachbarn und hohe Nadelgehölze schaffen eine intime, aber auch beengte Situation. Nur wenige Stunden am Tage dringt die Sonne in diese grüne Idylle, was aber auch seine Vorteile hat, denn der Südhang im Hintergrund heizt sich bisweilen stark auf. So reicht die Erwärmung durchaus für angenehme Badefreuden. Über einen Steg quert man die Anlage. Darunter verbirgt sich die Trennung zwischen Schwimmteil und Sekundärteich als Klärstufe. Von dort gelangt das Wasser mit Hilfe einer Pumpe zum Quelltopf am Hang und fließt über einen Bachlauf mit Kiesfilter zurück.

Deutlich erkennbar ist der treppenförmige Einstieg mit großen Lärchenholzschwellen, die über eiserne Klammern mit einem Betonfundament verbunden sind.

104   Ein Rasengrundstück am Hang. So sah es vor Baubeginn aus.

Zeichnung 7   Geschwungene Linien kennzeichnen diese harmonische Gestaltung.

104

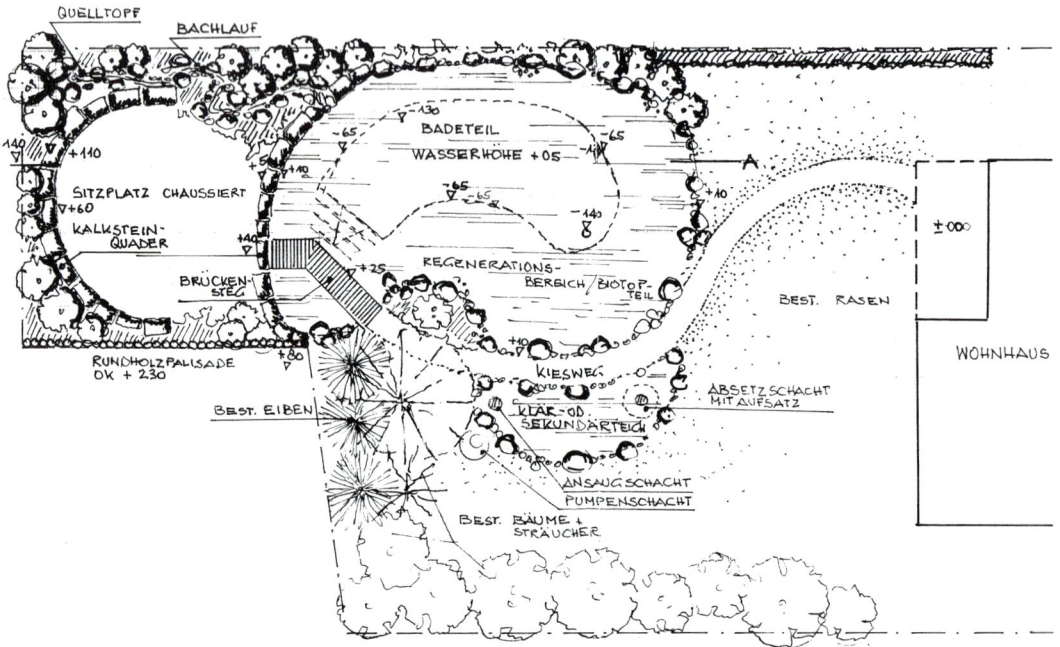

105

105 Hoch am Hang entspringt der Bachlauf und rauscht über ein Kiesbett zutal.

106 Trotz Schattenlage erreicht die Wassertemperatur angenehme Werte für ungetrübte Badefreuden.

106

107   Holztreppen führen in den Badeteich. Das Material ist natürlich und angenehm.

108   Vor Wind und unerwünschten Einblicken geschützt, erfreut sich der Sitzplatz der Sonne.

109   Vom Sitzplatz zum Haus gelangt man über einen schwungvoll konzipierten Steg.

110   Die Pflanzenkläranlage
befindet sich in einem abgegrenzten Teich.

Zeichnung 8   Harmonisch
fügen sich Schwimm- und
Regenerierbereich sowie der
Sekundärbereich ineinander.

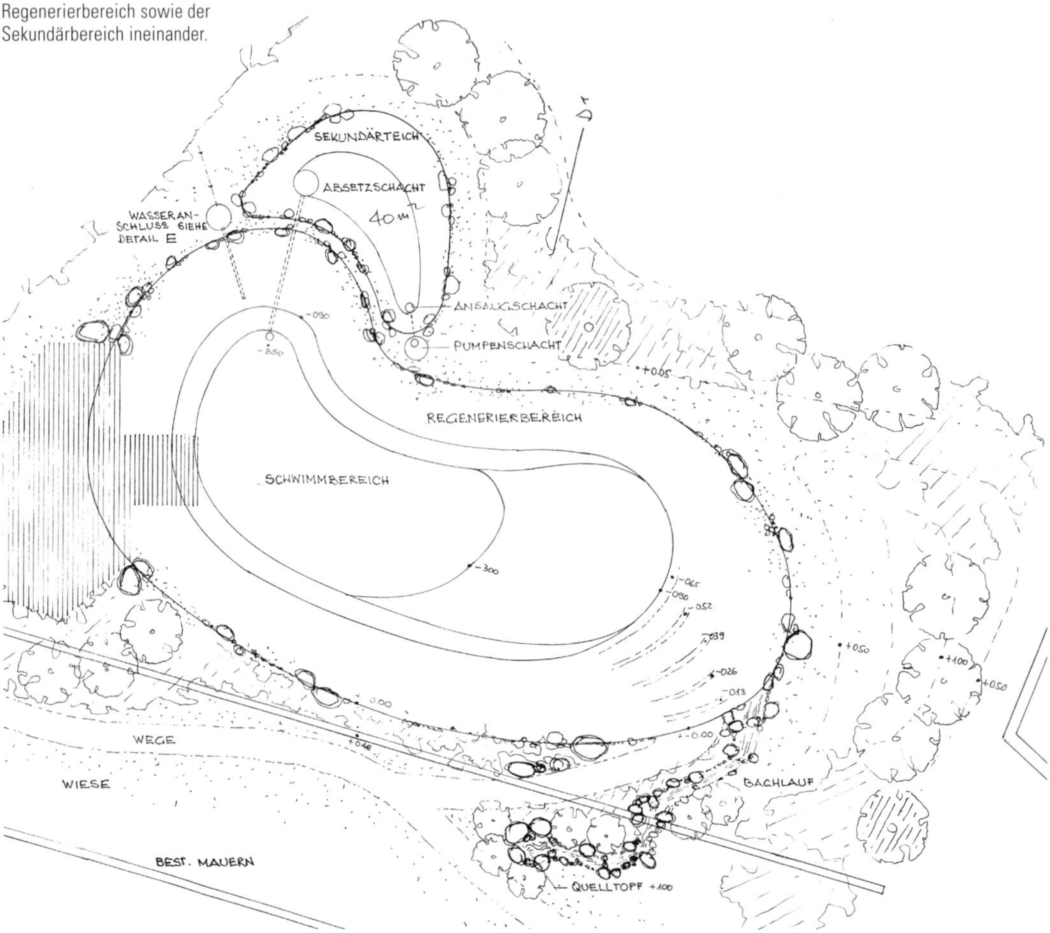

SEKUNDÄRTEICH

ABSETZSCHACHT

40 m²

WASSERAN-
SCHLUSS SIEHE
DETAIL E

-090

-050

ANSAUGSCHACHT

PUMPENSCHACHT

+0.05

REGENERIERBEREICH

SCHWIMMBEREICH

-300

-065
-050
-052

-039

+050

+100
+050

-026

-013

-0.00

-000

WEGE

+046

WIESE

BACHLAUF

BEST. MAUERN

QUELLTOPF +100

Ferienstimmung am Mittelmeer

»Seitdem wir den Bioteich haben, zieht es niemanden mehr ans Meer«. Feriengäste sind die Nutznießer dieser 600 Quadratmeter großen Anlage bei St. Tropez an der Côte d'Azur. Mitten zwischen Rebhügeln und Olivenbäumen gelegen, umgeben von harzduftenden ausgedehnten Wäldern und nur fünf Kilometer vom Meer entfernt, fühlen sich die Urlauber in dieser herrlichen Umgebung wohl.

Kein Wunder, denn das Wasser, das aus dem Stausee von Fréjus durch die Plantagen geleitet wird, ist sauber und frisch. Damit es trotz südlicher Hitze immer angenehm und kühl bleibt, wurde der Schwimmbereich viereinhalb Meter tief ausgekoffert. Bei Regenfällen strömt aus den umgebenden Weinbergen nitratbelastetes Wasser hinzu. Dennoch sind Wassertrübung oder gar Eutrophierung kein Thema, denn die großdimensionierte Wurzelraumkläranlage schafft den Abbau in kürzester Zeit. Sobald Wasser verdunstet und sich der Wasserspiegel um mehr als zwei Zentimeter senkt, wird über einen Schwimmer der Ausgleich herbeigeführt.

111

112

111 Quelltopf und Zuleitungen sind sorgfältig abgedichtet.

112 Quelltopf und Klärteich sind durch Rohrleitungen verbunden.

115

113

116

114

113   Das Verschweißen der
großen Folienbahnen geschieht
vor Ort. Durch genaues Arbeiten
werden Falten vermieden.

114   Das Kiesbett wird zur
Pflanzung vorbereitet.

115   Schon füllt sich der
Badeteil mit frischem Wasser.
Deutlich erkennbar sind die
stabilen Holzelemente, die dem
Druck aus dem Klärbereich
standhalten.

116   In Containern vorgezogene Wasserpflanzen müssen
zügig gepflanzt und dann geflutet werden.

An Ort und Stelle wurden die Folienbahnen (armierte PVC-Folie, 1,5 mm stark) verschweißt, mit einem Stichel kontrolliert und falls nötig nachgebessert. Gleiches gilt für Verbindungen, Rohrleitungen und die Auskleidung des Absetzschachtes im Sekundärteich. Stellkanten aus Beton verhindern, daß Wasser aus diesem Teich in den Badeteil fließt. Schwere Sinkstoffe lagern sich in einem Extra-Schacht ab, der fünfeinhalb Meter tiefer liegt. Auch der Quelltopf mit dem beim Bioteich obligaten Bachlauf darf zur Sauerstoffanreicherung und Reinigung nicht fehlen. Leistungsfähige Kreiselpumpen (bis 45 cbm/h) sorgen für die nötige Wasserumwälzung. Platten führen über den Rollkies ins tiefere Wasser – eine ideale Lösung für den Ein- und Ausstieg. Der Gegend angepaßte, kultivierte Repositionspflanzen, darunter auch Papyrusstauden, übernehmen den Reinigungspart. Für die unmittelbare Umgebung am Ufer bezieht die Gartengestaltung weitgehend die regionale Spontanvegetation mit ein.

117 Kristallklares Wasser macht das Baden in dieser Ferienanlage am Mittelmeer zur vollkommenen Erholung. Trotz Hitze bleibt das Wasser frisch.

118   Inmitten von Weinbergen und im Hinterland von St. Tropez gelegen, läuft diese Idylle dem nahen Mittelmeer den Rang ab.

119   Über verlegte Platten gelangt man in die Schwimmanlage.

120   Schon hat das Wachstum eingesetzt. Papyrus überdauert im frostfreien Klima den Winter.

Ein altes Bauernhaus wird wieder jung

Über 350 Jahre alt ist der gut erhaltene Bauernhof von Erich Kub in Kallham, Oberösterreich. Er strahlt etwas von der Gemütlichkeit aus, die Feriengäste von nah und fern an den Dörfern im Alpenvorland und im Salzkammergut so lieben. Wohl keiner der zahlreichen Vorbesitzer, die sich mit Viehwirtschaft und Ackerbau einen bescheidenen Wohlstand erarbeiteten, hätte sich vorstellen können, plötzlich von so viel Wasser umgeben zu sein. Moderne Technik, die natürliche Vegetation aus der Region, Phantasie und ein gehöriger Schuß an Lässigkeit lassen Neues und Altes wie selbstverständlich zusammengehen. Abschalten von der Hektik des Tages, Ausruhen – und das alles ohne übertriebenen Aufwand – so läßt es sich leben!

160 Quadratmeter ist diese Teichanlage groß, die an eine Wiese angrenzt, die selten gemäht wird. Wegen der dörflichen Umgebung fällt durch intensive landwirtschaftliche Nutzung, durch Regen und den Eintrag der Luft (Ammoniumverfrachtung) ein hoher Nitrateintrag an, der zu manchen Jahreszeiten Spuren in der Teichvegetation hinterläßt. Auch Phosphate können zu Problemen führen. Die Algenbelastung geht jedoch immer schnell zurück, die Bioklärung durch die Wasserumwälzung im geschlossenen System, durch Pflanzen und Bakterien funktioniert zuverlässig. Üppig blühen im Sommer die Seerosen, die dann den Blick auf den kiesigen Untergrund verdecken. Obwohl auch hier der Einstieg über einen Steg vorgesehen ist, wären auch Holztreppen möglich oder eine Abdeckung mit Quarzsand (1–4 mm) im Wasserbereich, der außerhalb in gewaschenen feinen Bausand übergeht, Strandatmosphäre zaubert.

121

121 Seerosen entwickeln sich im wohl temperierten Wasser vorzüglich. Es gibt herrliche Sorten für alle Wassertiefen.

122 Dieser Badeteich ist neueren Datums. Dennoch erweckt er den Anschein, als sei er wie selbstverständlich immer schon dagewesen.

Abnehmbare Brücke

Der Winter gab den Ausschlag dafür, daß die dominierende Brücke über diesen Badeteich im österreichischen Alpenvorland als abnehmbare Konstruktion geplant wurde. In der kalten Jahreszeit ist nämlich auf der 200 Quadratmeter grossen Fläche Wintersport angesagt: Schlittschuhlaufen, sogar Eisstockschießen und Eishockey stehen auf dem Programm. Klar, daß dabei die Brücke stört. Treppe und Aufbauten ermöglichen dagegen im Sommer das gefahrlose Unterschwimmen.

Glasklares, blitzblankes Wasser ist selbstverständlich. Glücklicherweise liegt diese Anlage in einem Siedlungsgebiet. Der Nitrateintrag durch Landwirtschaft oder den Regen ist minimal, die Wasserqualität demnach bestens. Dafür tummeln sich im Sommer leicht ein gutes Dutzend Kinder im Wasser. Der aufgewirbelte Schmutz wird vom Klärteich bereinigt, der eine Geschoßhöhe tiefer liegt. Er wird unterstützt vom Bachlauf, der zwei Geschoßhöhen über dem Teichniveau als künstliche Quelle entspringt und über einen felsigen Wasserfall nach unten »tost«. Hierzu gehören leistungsfähige Pumpen (20–30 cbm/h), die außerhalb des Teiches untergebracht sind.

Zeichnung 9   Für Kinder und sportliche Aktivitäten ausgelegt ist diese Anlage in Österreich. Wasserfall und Bachläufe gehören dazu.

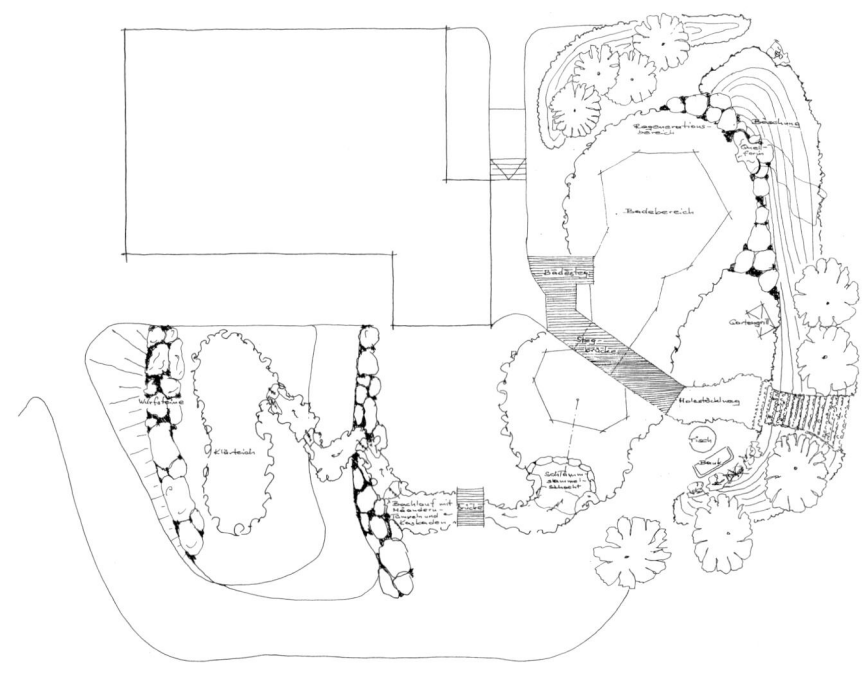

123

124

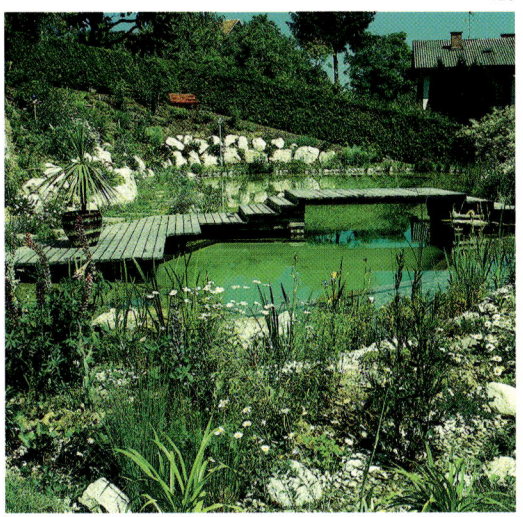

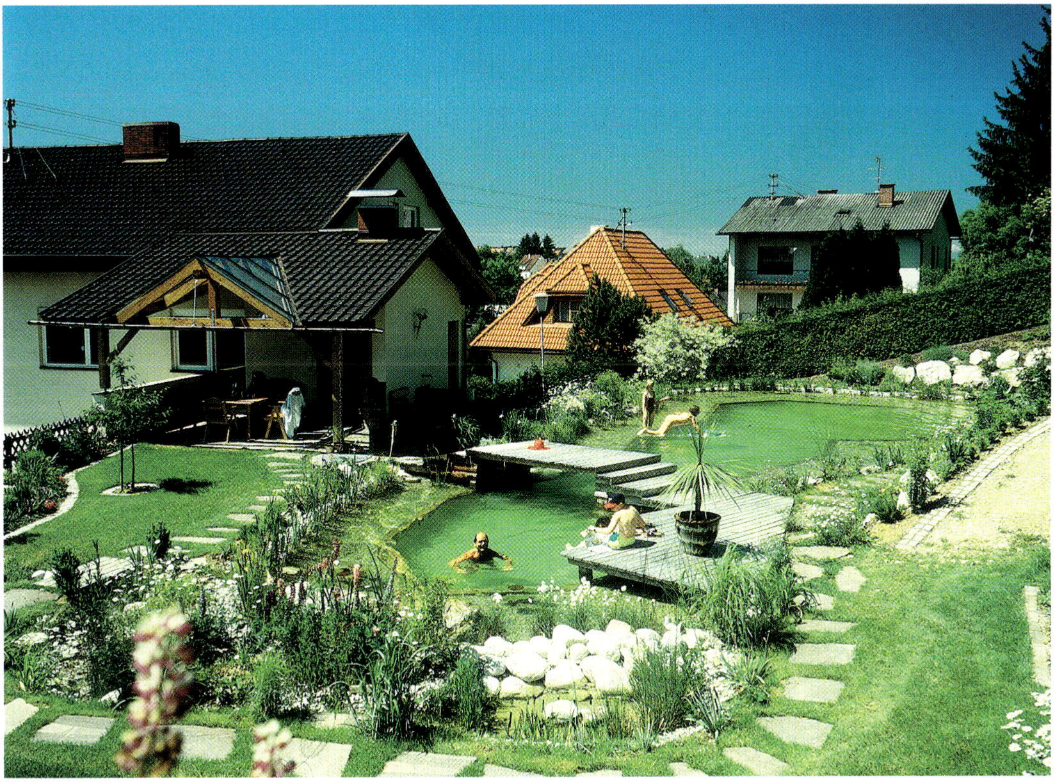

123 Bewegung im Gelände erfreut nicht nur das Auge – auch windgeschützte Zonen zum Sonnen ergeben sich fast »nebenbei«.

124 Springen von der Brücke, Tauchen, Schwimmen, im Winter Eisstockschießen – der Teich macht alles möglich.

125 Urlaub zuhause – was könnte schöner sein? Kein Streß auf der Autobahn, kein Hotelsuchen, dafür Erholung total – jeden Tag.

126 Die Familie liebt Blumen – entsprechend üppig fiel die Bepflanzung im Sumpfteil und am Uferrand aus.

127 Sie duftet angenehm und blüht über viele Wochen – die sommerblühende gelbe Glockenprimel (Primula florindae).

Badeteich für Pflanzenliebhaber

Ein Garten mit leichter Hanglage in Oberösterreich, inmitten eines Siedlungsgebietes gelegen. Urlaub vor der Terrassentür: die Sonne
scheint und die Familie genießt den schönen
Tag – jeder auf seine Weise. Während der
Hausherr sich über das Neueste informiert, vergnügen sich die Kinder im weichen, chlorfreien
Wasser. Trotz der Sommerhitze bleibt das Wasser im 140 Quadratmeter großen Badeteich
angenehm kühl. Die Dame des Hauses interes-
siert sich für Pflanzen in natürlicher Umgebung.
Entsprechend locker und reichhaltig wurde der

126

Garten gestaltet, mit großen Steinen aus der
Region und mit einer Vielfalt an Blumen und
Sträuchern. Die Blumenpracht im Biotop und
drumherum birgt einige Raritäten. Die ursprüng-
liche Pflanzenliste mit gelber Sumpfprimel (Primula florindae), gelber Gauklerblume (Mimulus
luteus), blauer Gauklerblume (Mimulus ringens)
und Pfeilkraut (Sagittaria sagittifolia) im Badeteich und im Bachlauf Sumpfdotterblume (Caltha
palustris) und Gelbe Sumpfschwertlilie (Iris
pseudacorus) wurde schon längst durch eigene
Pflanzungen ergänzt. Zum Standard gehören auch
so prächtige Wasserpflanzen wie blaue Asiatische Sumpfiris (Iris laevigata), weiß-grüne
Zebrasimse (Scirpus tabernaemontani ›Zebrinus‹),
Kardinalslobelie (Lobelia cardinalis), Sumpfvergißmeinnicht (Myosotis palustris), Fieberklee
(Menyanthes trifoliata), Teichmummel (Nuphar
lutea) und heimische Seerose (Nymphaea alba).
Die Hauptlast der Klärung im Wurzelbereich
übernehmen Rohrkolben (Typha latifolia) und
Blaubinse (Juncus inflexus).

Eine Kostenaufstellung finden Sie auf Seite 126.

127

Baden an der Sonnenterrasse

Rustikal bis repräsentativ gibt sich diese Anlage in der Umgebung von Passau. Das Grundstück liegt an einem Hang, der im oberen Bereich die Klärstufe aufnimmt. Das Wasser gelangt mittels Pumpenkraft hinauf, wird durch Kies und Pflanzen geklärt und plätschert über einen Bachlauf wieder zurück in den Badebereich. Wasser, Terrasse und Haus bilden eine gelungene Einheit, zu der die breite hölzerne Stegfläche beiträgt, die sich auch bestens zum Sonnenbaden nutzen läßt.

Mit 13 Metern Länge erlaubt der Schwimmbereich viele Aktivitäten im sauberen, klaren Wasser, das kaum durch Nitratbelastung aus der Landwirtschaft in Mitleidenschaft gezogen wird. Die zwei Kinder des Hauses, verstärkt durch Freunde und Freundinnen aus der Nachbarschaft, sind Dauerbenutzer. Hierauf nimmt die Wassertiefe mit nur 140 Zentimeter Rücksicht. Das Wasser erwärmt sich schnell, der Badebetrieb beginnt mitunter schon im Mai und hält an schönen Herbsttagen mit Fön bis in den Oktober an. Das Schwimmen soll bequem und angenehm sein, Tauchkünste sind hier weniger gefragt.

128

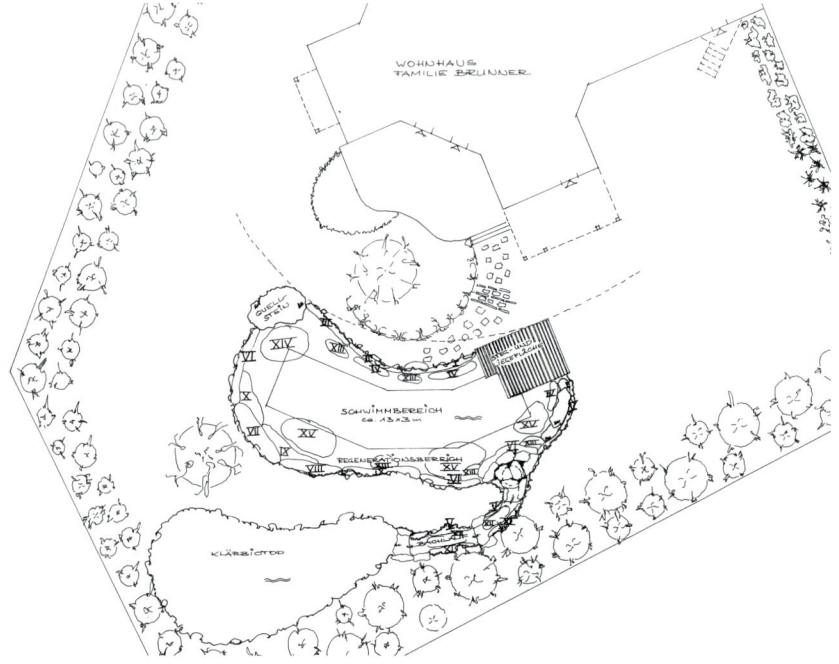

128 Seerosen sind auch im Bioteich eine Zierde. Neben der heimischen *Nymphaea alba* gibt es Zuchtsorten wie zum Beispiel ›Froebelii‹.

Zeichnung 10 Größere Höhenunterschiede am Hang werden für Klärteich und Wasserumwälzung genutzt. Alles befindet sich im Blickfeld.

129 Ein Sonnenplatz dicht an der Terrasse. Bis zum kühlen Naß sind es nur wenige Schritte, angenehm auch für die Kinder.

130   Die windgeschützte
Lage verlockt zum Baden und
Sonnen. Gleichzeitig werden in
diesemTeich Fische gehalten.

Baden mit Fischen

Daß sich in einem Naturteich Leben befindet, ist eigentlich selbstverständlich. Trotzdem tut sich mancher schwer mit der Nachbarschaft von Wasserläufern, harmlosen Libellen und leuchtendblauen Schlankjungfern, mit Kaulquappen, Fröschen und Fischen (wobei Fische im Teich bald dafür sorgen, daß die Fauna auf Reste zusammenschwindet).

Menschen und Fische vertragen sich gut miteinander, denn wenn im Teich gebadet wird, halten sich die Flossenträger versteckt. Die Verschmutzung durch nicht verbrauchtes Futter und sonstige Abfälle kann ein wenig belastetes Biotop abbauen. Anders verhalten sich kleine Gartenteiche, wo die Entscheidung für oder gegen die emsigen Jäger nach Freßbarem meistens zur Prinzipfrage eskaliert.

Wer Bewegung im Wasser und Zierfische liebt, wird Gefallen finden an den lebhaften Goldorfen. In kleineren Schwärmen durchziehen sie den Teich, bleiben dabei als fleißige Mückenjäger an der Oberfläche, so daß man sie gut beobachten kann. Beim Füttern werden sie sehr zutraulich, fressen mitunter sogar aus der Hand.

Keine Berührungsängste haben die Besitzer dieses schönen Teiches bei Passau. Im Gegenteil – sie züchten Fische und haben sich mit diesem Gewässer einen lange gehegten Traum erfüllt. Sie haben Spaß am regen Treiben, mit dem die Schwärme hin und her ziehen. Über 100 größere Fische enthält dieses Becken, auch Kois und Guppys, die gut miteinander auskommen. Den Winter über bleiben die Fische im 160 Zentimeter tiefen Wasser, die japanischen Kois verziehen sich sogar in den Schlammschacht, was ihrer natürlichen Lebensweise entspricht.

131   Flache Uferzonen mit wärmerem Wasser und der Schutz zwischen den Zwergbinsen *(Juncus ensifolius)* behagen den Jungfischen.

Vom Schwimmbecken zum Badeteich

Insgeheim sind wohl viele Schwimmbadbesitzer ihre pflegebedürftige, kostenintensive Anlage leid. Ohne Chemie läßt sich die Perfektion eben nicht erreichen. Und mit den Jahren kommen die Probleme. Warum dann nicht ganz umdenken?

Einer, der schon vor Jahren umgedacht hat, ist Paul Schwedtke aus dem hohen Norden Schleswig-Holsteins. Mag sein, daß ihm das grelle Türkisblau des Pools nicht mehr gefiel – auf jeden Fall brachte er als einer der ersten den Mut auf, die Anlage stillzulegen. Die steilen Betonwände von 150 Zentimeter wurden um ein Drittel in ihrer Höhe gekürzt, der Beton abgeschlagen. Rechts und links trat der Bagger in Aktion, um Platz zu schaffen für die erforderlichen Flachwasserzonen mit Pflanzenklärung. Den verbleibenden Rest, das Becken und die seitlich angelagerten Gruben kleidete Paul Schwedtke mit einer großen PVC-Folie aus – ein Schwimmteich mit heimischer Vegetation, Amphibien und aktiven Repositionspflanzen konnte entstehen. Jetzt sind es die Pflanzen, die das Teichwasser klären: Gelbe Sumpfschwertlilien, Binsen, Gräser, Blumenbinsen und Pfennigkraut.

Tip: Dieser Teich in Ruhwinkel ist heute Teil einer großen Modellanlage in Sachen Naturschutz, Teich- und Wasserbau. Der große Landschaftsgarten der Firma Plastoplan mit Tümpeln, Teichen und größeren Weihern, mit Sumpfbeet-Klärstufen, Bauerngarten, Öko-Laube und bepflanzten Gründächern kann zum Nulltarif besichtigt werden. Ein praxisnaher Anschauungsunterricht, der sich lohnt!

132   Ein Schwimmbecken ist in die Jahre gekommen. Was liegt näher, als die Verwandlung in ein naturgemäßes Badeparadies ?

133   Das Ergebnis kann sich
sehen lassen – im wahrsten Sinne
des Wortes. Der Schwimmteich
ist heute Teil einer Modellanlage.

Bachläufe planen und bauen

134   Schon bald werden manche Teiche zu klein. Das Geheimnis dieses tiefen Bachlaufs: er besteht aus einem Kunststoff-Fertigteich.

Ein Bachlauf im Garten bereichert die Anlage ungemein. Teich und Bachlauf werden zur Wasserlandschaft, die mehr Reize bietet: mehr Schönheit, mehr Abwechselung, mehr Platz für Sumpf-, Wasser- und Feuchtwiesenpflanzen, mehr Bewegung und mehr Sauerstoff im Teichwasser, was Flora und Fauna gut bekommt. Und für bestimmte Typen des Badeteichs sind Wasserläufe ohnehin nötig, um die Filterwirkung zu erhöhen.

Im Prinzip ähnelt die Anlage eines Bachlaufs dem eines langgestreckten Gartenteichs. Allerdings sollte das Bachbett nicht durchgehend wie ein natürlicher Bach mit Gefälle angelegt werden. Sobald die Pumpe aufhört zu fördern, würde er nämlich leerlaufen, die Pflanzen vertrocknen. Legen Sie ihn deshalb als eine stufenartige Folge von kleinen Stauwehren an, in denen das Wasser verharrt. Enge und weite Zonen können sich im Bachbett abwechseln, Steine setzen Akzente.

135   Von der Unterkonstruktion (durchgehende Folie, treppenförmiger Aufbau) ist später nichts mehr zu sehen.

Zeichnung 11
Längsschnitt eines Bachlaufs.

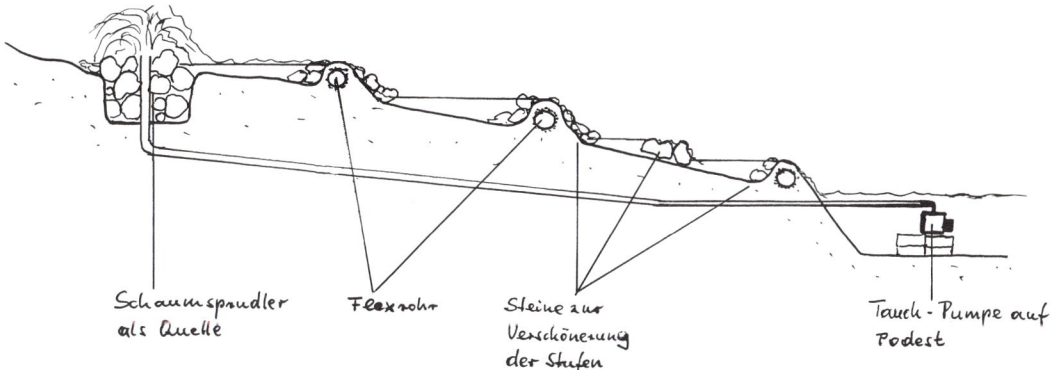

Schaumsprudler als Quelle   Flexrohr   Steine zur Verschönerung der Stufen   Tauch-Pumpe auf Podest

Ein Bach soll sich gefällig in die Teichlandschaft einfügen. Er wird also wie in der Natur mit Kurven und Höhenunterschieden mäandern, niemals einen geraden Verlauf nehmen. Zu kurze Bögen allerdings lassen die Gestaltung unruhig wirken. Am besten sieht man sich bei einem Spaziergang an, wie sich das Wasser seinen Weg bahnt, wie es sich an Steinen staut und von Stufe zu Stufe springt. Gefällig wirken Ausbuchtungen (Pflanztaschen), in denen das Wasser zur Ruhe kommt. Sumpfdotterblumen oder Sumpfvergißmeinnicht gedeihen nur dort, wo mit Steinen oder Drainagerohren die Erde festgehalten wird, ganz wie in einer Sumpfzone. Hierfür muß das Bachbett ausreichend breit und tief aus der Erde modelliert sein, Mulde für Mulde. Beachten Sie auch, daß die im Bett möglichst durchgehend als Streifen ausgelegte Folie nicht sichtbar sein darf, also unter Steinen oder Kies verschwinden sollte. Für schwierige Stellen, für Wasserfälle und für den Rand gibt es bekieste, unauffällige Steinfolie. Ansonsten kann man die gleichen Materialien und Folien verwenden wie für den Teichbau. Es gibt auch besandete Fertigelemente aus Kunststoff, die sich für kleinere Anlagen eignen.

136   Für eilige Fälle gibt es Fertigteile aus besandetem Kunststoff.

Zeichnung 12   Verschiedene Bachlaufformen im Querschnitt.

Graben mit Kiesrand

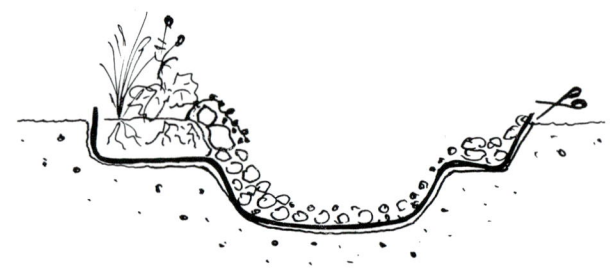

Breiter Bachlauf mit Pflanztaschen

137

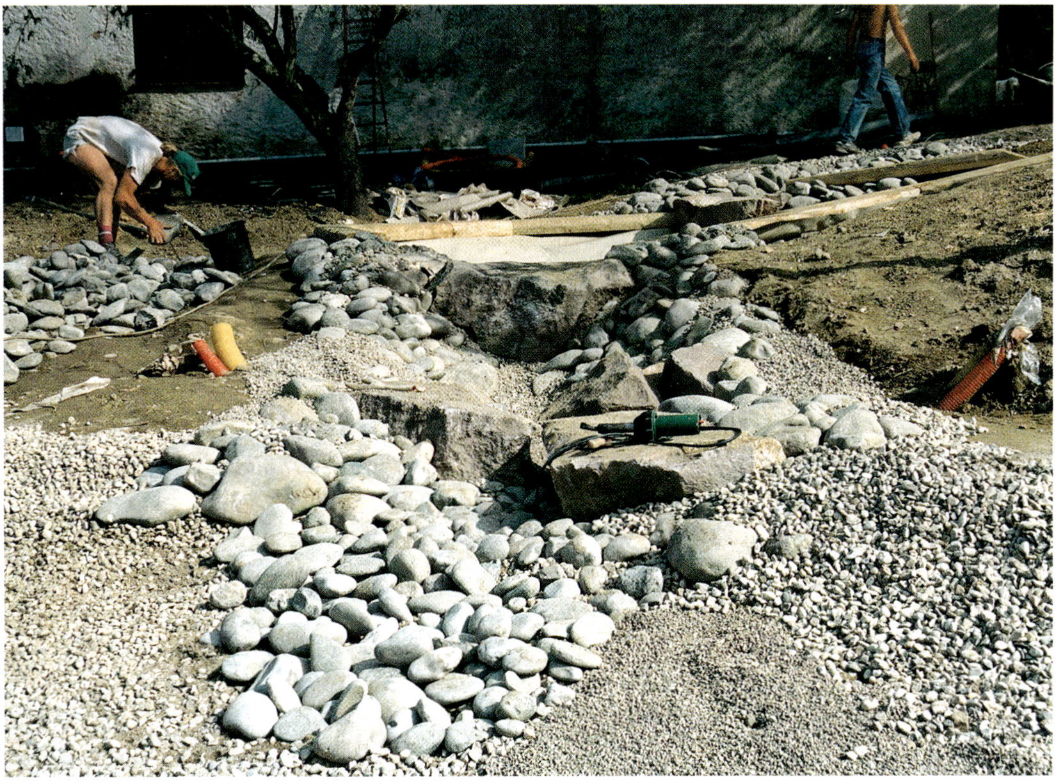

137 So sieht der Bachlauf ganz natürlich aus: große Steine wechseln mit abgerundeten Bachkieseln und feinerem Kies.

138 Mehrere Staustufen verhindern, daß der Bach bei Pumpenstop leerläuft.

138

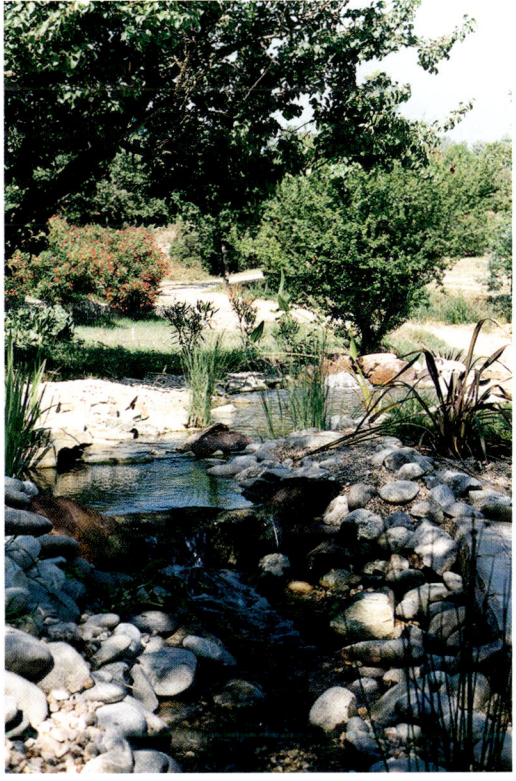

139   Das »Innenleben« einer
Quelle besteht aus einem gut
verborgenen Schlauch, aus dem
sich das Wasser ergießt.

140   Für einen kräftigen
Schwall braucht man eine
leistungsfähige Unterwasserpumpe.

141   Beliebt sind durch-
bohrte Quellsteine, aus denen
sich das Wasser murmelnd
ergießt und über Windungen
zu Tal plätschert.

Das Modellieren gelingt gut mit Magerbeton, der sich nach Belieben formen läßt – unter der Folie oder auch darauf, um Steinen einen festen Halt zu verleihen oder das Wasser zu stauen. Nachteil: Es löst sich ständig etwas Kalk, der die Algenbildung fördert.

Für Wasserfälle allerdings ist Beton kaum zu ersetzen, fördert er doch die Stabilität des mit Folie hinterlegten Bauwerkes. Schichten Sie die Steine leicht nach hinten, damit sich die Last besser verteilt. Zudem gibt das von den Felsen spritzende Wasser mehr Effekt.

Besondere Aufmerksamkeit erfordert der Folienrand. Das Wasser sucht sich immer den bequemsten Weg, also müssen die Höhenverhältnisse häufiger nachgemessen und korrigiert werden. Am Rand wird die Folie steil nach oben geführt und erst zum Schluß abgeschnitten, sonst saugt die Dochtwirkung schnell den Teich leer.

Die Bepflanzung sollte einem Bachrand entsprechen, obwohl die meisten Pflanzen im Trockenen stehen. Farne, Wiesen- und Feuchtzonenbewohner fühlen sich in der Nähe des frischen Wassers wohl.

Die Quelle können Sie muldenförmig anlegen. Sie kann an einem steinigem Hang zwischen Felsen beginnen; im Moor tritt sie zwischen Farnen oder Baumwurzeln hervor. Auch ein durchbohrter Findling, Lavasteine, echte oder imitierte Mühlsteine eignen sich, um die dicht neben dem Bachlauf verlegte Leitung enden zu lassen. Schützen Sie den Zufluß gegen unbeabsichtigte Verletzungen, zum Beispiel durch aufgelegte Steinplatten oder Ziegel. Zu geringe Höhenunterschiede sind kein Hindernis. Schon bei 30 bis 40 Zentimeter Unterschied von der Quelle zum Teich wird das Bächlein fließen.

142 Eine Bronzefigur als Wasserspeier ist unverwüstlicher Zierat und nützlich zugleich. Bronze paßt ideal zu Pflanzen.

143 Kleiner Bachlauf an einer Terrasse. Nach wenigen Metern schon mündet er in einen Zierteich.

Wichtig:
die richtige Pumpenleistung

Für die Wasserversorgung genügen im Prinzip eine leistungsfähige Pumpe und ein normaler Gartenschlauch (Mindestdurchmesser ³/₄ Zoll). Bei größeren Anlagen sind feste Plastikleitungen empfehlenswert; die erforderlichen Dimensionen müssen mit der Pumpenleistung abgestimmt werden. Wieviel Wasser oben an der »Quelle« ankommen muß, um sich mehr oder weniger verengt zu ergießen, läßt sich zwar gut mit Pumpendiagrammen belegen. Eine solche Information aus dem Buch oder am grünen Beratungstisch im Fachgeschäft bleibt jedoch graue Theorie. Besser ist es, sich einmal in der Praxis anzusehen, wie ein ähnliches Objekt wie das geplante arbeitet, wieviel Wasser zu Tal rauscht. Wer kennt schon den Effekt, wenn 50 Liter pro Minute fließen? Sollten es nicht vielleicht eher 100 Liter sein? Welche Pumpe braucht man dann, welche ist die beste? Fragen, die Sie vorab mit einem Fachmann klären müssen, damit Sie später »Ihren« Bachlauf unbeschwert genießen können.

144 Eine wiesenartige Gestaltung mit Pflanzen am Uferrand erfordert Platz, überzeugt dafür durch abwechslungsreichen Bewuchs.

145   Stufen aus passend
ausgewählten Steinen lassen
das Wasser plätschern und
reichern es mit Sauerstoff an.

146   Der Bachlauf auf
Seite 90 aus einer anderen
Sicht. Vom Kunststoffbecken ist
nichts mehr zu sehen.

Von Bachläufen
und anderen Biotopen

Teichlandschaft
unter Bäumen

Eine Wasserlandschaft besonderer Art schuf
Landschaftsarchitekt Christhard Ehrig aus einem
lange vernachlässigten Garten in Sennestadt.
Der 30 Jahre alte Baumbestand fiel nicht der
Kettensäge zum Opfer, sondern er wurde in die
mit Feingefühl geplante Gestaltung einbezogen.
Es wurde lediglich ausgeästet, störendes Ge-
büsch beseitigt, so daß Platz entstand für Blüten-
teppiche in leichten, hellen Farben. Was dabei
herauskam, sieht keineswegs neu aus. Es unter-
treibt mit dem Charme des »Immer-schon-da-
gewesenen«.

Neu ist nur das Haus mit seiner leicht fernöstlichen Anmutung. Und die Wasserlandschaft mit
einem Bachlauf, der in geringer Höhe zwischen
rundgeschliffenen Findlingen und hellen Kieseln
entspringt. Er speist einen großen, durch Trittsteine zweigeteilten Teich. Dicht an die Loggia
herangezogen, vermittelt das Wasser den Eindruck der perfekten Ruhe. Magnolienblätter,
sanft herabgeschwebt, gleiten wie leichte Boote
auf dem Wasserspiegel. Butterblumen spiegeln
sich, vermitteln mit der weißen Gänsekresse
(Arabis procurrens) zusammen einen wiesenartigen Eindruck.

153   Der Bachlauf quillt
unter runden Steinen hervor.
Sauerstoffreiches Wasser hält
den Teich im biologischen
Gleichgewicht.

Zeichnung 13   Ein verwil-
derter Garten mit altem Baumbestand verwandelte sich im
Zuge einer behutsamen Erneue-
rung in ein Naturparadies.

154   Traumhaft schöne
Wasserlandschaft unter lichten
Bäumen. Gänsekresse und
Sumpfdotterblumen säumen die
Ufer.

Die Bewohner haben einen anstrengenden Beruf und suchten einen Garten zum Erholen, keinen der Arbeit macht. Demgemäß gibt es auch keinen Rasen – der Mäher ist längst verkauft. Die naturhafte Bepflanzung ist, neben der Wasserlandschaft, das Besondere an diesem Garten. Ton-in-Ton wirken die großen Flächen der bodenbedeckenden Gänsekresse (weiß) und Golderdbeere *(Waldsteinia ternata)* im Halbschatten von Kiefern, Birken und immergrüner Stechpalme *(Ilex aquifolium)* heiter und freundlich.

Dazwischen gestreute lockere Tuffs von Wildnarzissen in Gelb und Weiß unterstreichen den luftigen Charakter.

Zum Ende des Jahres unterstreichen Horste verschiedener Stauden wie Myrtenaster *(Aster ericoides)* und Oktobermargerite *(Chrysanthemum serotinum)* die Herbststimmung, die sich mit Birke und Ahorn einstellt.

155 Malerisch neigt sich
die Magnolie übers Wasser.
Herabgerieselte Blütenblätter
unterbrechen die glitzernde
Fläche.

156 Der Blütenteppich aus
dichtschließender Waldsteinia
ternata kokettiert mit verwil-
dernden Narzissen.

Ein Bach
holt die Landschaft
dicht ans Haus

Es ist, als käme die Wiese direkt ins Haus. Bindeglied in diesem ländlichen Garten am Nordhang des Teutoburger Waldes ist eine langgestreckte Bachlandschaft, die das nach einem Umbau neugestaltete Haus umfaßt. Ständig fließendes Sickerwasser aus dem gegenüberliegenden Hang wird über ein Felsbecken gefaßt und dem Bach zugeführt. Vom Brunnen her kommend, rieselt er zwischen Steinen hindurch, rinnt in ein Becken mit runden großen Findlingen, um schließlich an den geraden Kanten der Terrasse aus gesägten rotgeflammten Sandsteinen zu enden. Die Bepflanzung ist bewußt sparsam gehalten. Dafür kommen im »Gletschergarten« die Trittsteine aus rotem Porphyr, die Brücke und der Charakter der naturgerundeten Krustensteine aus örtlichem Wesersandstein umso besser zur Geltung.

Vorhandene große Rhododendren wurden zur Raumbildung genutzt. Hauptmotive auf den Staudenbeeten sind Wildstauden, die die ländliche Umgebung mit einbeziehen, Rosen mit einfachen Schalenblüten, sowie Schatten- und Flächenstauden. Die Blumenwiese grenzt gleich an – sie wird nur einmal, im Juni, gemäht.

157   Die Natur wurde ans Haus geholt. Ohne störenden Zaun geht die Bachlandschaft in eine weite offene Wiese über.

158   Zwischen Steinen
rieselt der Bach hindurch. Über
sie gelangt man vom Haus zum
Brunnen.

Zeichnung 14   Ein ländliches
Grundstück, idyllisch am Wald
gelegen, erhielt nach der Umgestaltung einen ganz neuen
Charakter.

SCHLINGER

VORH. TAXUS

HAINBUCHENHECKE

RASEN

VORHANDENE
RHODODENDRON

RASEN

MÜLL

HAUSVORFAHRT

SCHATTENSTAUDEN

TERRASSE

RHODODENDRON

WASSER

HOLZROSTE

STAUDEN

BACHBEGLEITENDE
STAUDEN

PLATTEN-
GARTEN

SAUMPFLAN

ROSEN
WILDSTAUDEN

BRUNNEN

ROSEN
WILDSTAUDEN

WIESE

159 Die strengen Formen
des Hauses werden im formal
gefaßten Bach aufgenommen.
Doch dann öffnen sich die Linien,
gewinnen Weite.

160 Der Brunnen wird aus
Hangwasser gespeist. Die ergie-
bige Quelle liefert ganzjährig
genügend Wasser.

162　　Ein Graben wird
mit Folie ausgelegt. Die Ränder
erhalten eine Schüttung aus
Kies. Die Pflanzung begleitet
den Bach.

163　　Damit sich ein Bachlauf
mäandernd durch den Garten
schlängeln kann, wird nur wenig
Gefälle benötigt.

Wiesenbach
mit wenig Gefälle

Nahezu tischeben ist dieser Garten bei Winsen. Trotzdem ist aus langen Folienbahnen eine abwechselungsreiche Bachlandschaft entstanden, die in Bögen und Geraden, mit Kurven und überraschenden Windungen durch den erst kürzlich angelegten Rasen mäandert. Eine Pumpe setzt den Wasserfluß in Gang. Aus einem größeren Teich als Quelle entspringend, zieht das Wasser mit träger Geschwindigkeit dahin, passiert einen großen Teich, der an der Terrasse liegt und endet nach weiteren Windungen in einem Kolk, der mit dem ersten Teich und der Pumpe in Verbindung steht. So kommt ein Kreislauf zustande, der allerdings bei heißen Temperaturen Probleme aufwirft. Das Wasser erwärmt sich zu schnell, und trotz aller Nährstoffarmut bilden sich im nur 30 Zentimeter flachen Gewässer Fadenalgen. Zwar sind sie als Sauerstoffproduzenten nicht schädlich, allerdings kaum zierend. Mit einem Rechen lassen sie sich leicht entfernen, dennoch wäre etwas mehr Gefälle wünschenswert.

Verschweißte Folien in ein Meter Breite bilden das Bachbett, das mit dem Spaten schnell ausgestochen war. Kies in grober Körnung überdeckt Bachränder und Folie. Steine und eine Bepflanzung mit Farnen, Binsen, elegantem Schlitzahorn *(Acer palmatum ›Atropurpureum‹)*, Wieseniris *(Iris sibirica)* und Storchenschnabel *(Geranium x magnificum)* lassen den Eindruck entstehen, man stünde in einer Wiese.

164   Ein kleiner Teich faßt die Quelle. Auf seinem Weg zum Bach durchmißt die Strömung einen weiteren Gartenteich.

Romantischer Bach
im Japangarten

Ein gepflegter romantischer Garten in Lüneburg
erhält sein Gepräge durch mehrere Gestaltungs-
elemente. Das Haus mit seiner breiten Terrasse
wird durch einen großen, weißen Wintergarten
dominiert. Von dort schweift der Blick hinüber
zu einem stillen Teich mit waldartig bepflanz-
tem Hintergrund, der den Blick zum Nachbarn
hin abschottet. Die Bepflanzung mit Rohrkolben,
Goldrute und Froschlöffel entspricht heimischen
Verhältnissen.

Anders der Bachlauf, der aus schattigem Gehölz
und Waldstauden rinnt. Ein Quellstein mit Verbindung zur Unterwasserpumpe im Teich setzt
den Umlauf in Gang. Das Bachbett mit Steinen
und Geröll wird gesäumt von Uferbepflanzung
aus Frauenmantel *(Alchemilla)*, Froschlöffel *(Alisma)* und Gelber Sumpfschwertlilie *(Iris pseudacorus)*. Die Gehölze mit Rhododendren, Azaleen
sowie Schlitzahorn *(Acer palmatum ›Atropurpureum‹)* und Schirmbambus *(Thamnocalamus
spathaceus,* syn. *Sinarundinaria murielae)* vermitteln einen fernöstlichen Eindruck. Die Japan-
Atmosphäre wird noch gesteigert durch eine
leicht geschwungene Steinbrücke aus Granit
und weitere Bambusarten.

Von einer Sitzbank inmitten von dunkellaubigen
Rhododendren, gesäumt von formierten Kugeln
aus immergrünem Buchs, kann die Besitzerin
das gepflegte Ambiente leicht überblicken.

165   Ein größerer Hausgarten erhält durch den Bachlauf ein romantisches Gepräge. Die Pflanzen sind ganzjährig attraktiv.

166   Die Quelle entspringt einem durchbohrten Stein. Mit mäßigem Gefälle rieselt das Wasser über Kiesel und kleinere Steine.

167   Schirmbambus, Azaleen, Rhododendren, Natursteine und eine geschwungene Brücke aus Granit als Elemente des Japangartens.

168   Hinter der Brücke weitet sich der Bach zu einem größeren Gewässer. Die Bepflanzung ist naturnah gehalten.

169 Ein ländlicher Garten mit viel Wasser, idyllisch in einem Dorf gelegen. Früher erstreckten sich hier Obstgärten und Felder.

170 Aus formalen Elementen wie diesem kreisförmig gepflasterten Sitzplatz und natürlich belassener Umgebung entsteht Gartenatmosphäre.

171 Eine Quelle speist den kleinen Bach, der sich durch das Sumpfgebiet zieht. Klar und sauber mündet er in den Teich.

Biotop mit Sumpfvegetation

Die Naturidylle findet sich in einem ländlichen Garten bei Lüneburg. Ursprünglich lag hinter dem Haus ein Obstgarten, in dem auch Gemüse angebaut wurde. Dicht angrenzend existierte eine Pferdewiese, die durch Wegzug der Benutzerin ihren Zweck verlor; es war also reichlich Platz vorhanden. Das ehemals trockene Gelände verwandelte sich in ein Wasserparadies. Einige der Obst- und Zierbäume wurden in die neue Anlage integriert.

Ein Bachlauf mit breiter Sumpfzone bildet das Kernstück der Anlage. Die Quelle ist kaum auszumachen, so üppig entwickeln sich Sumpfschwertlilien *(Iris pseudacorus)*, Sumpfdotterblumen *(Caltha palustris)*, Beinwell (*Symphytum officinale)*, Wollgras *(Eriophorum angustifolium)* und Fieberklee *(Menyanthes trifoliata)* in der feuchten Umgebung.
Näher zum Haus hin wandelt sich die einheimisch geprägte Bepflanzung. Immergrüne Schirmbambus prägen die Ansicht.
Der flache, breite Bachlauf mit dünner Auflage von nährstoffarmer Erde bietet ideale Voraussetzungen für ein reiches Tierleben: Teichmolche, Wasserfrösche und Laubfrösche sind häufig anzutreffen, Störche aus der Umgebung lassen sich gelegentlich blicken.
Die Quelle, das Herzstück der Anlage, wird durch eine Umlaufpumpe gespeist. Eine geringe Leistung genügt, denn es sind keine nennenswerten Höhen zu überwinden.

171

Bachlauf am Hauseingang

Platz für einen Bachlauf ist notfalls auf dem kleinsten Grundstück. Richtig Spaß macht er allerdings erst dann, wenn sich Familienmitglieder und Bekannte, möglichst oft und lange an ihm erfreuen können. Was liegt näher, als ihn als repräsentativen Schmuck des Hauseingangs zu nutzen? Täglich mehrmals wird der Treppenaufgang zu diesem dörflichen Anwesen in Ostwestfalen benutzt. Das Bachbett ist mit viel Gefälle ausgelegt und enthält kaum Staustufen. Das läßt sich ohne großen Aufwand verwirklichen, setzt aber einen ständigen Wasserfluß voraus. Das Wasser tritt aus einem schönen Tuffstein hervor, sammelt sich zunächst vor einer Barriere aus flachen, abgerundeten Bachkieseln. Größere Steine ziehen auf dem Weg nach unten die Blicke auf sich, Bachkiesel kleinerer Körnung stellen die optische Verbindung zwischen den Pflanzen und dem beim Treppenbau verwendeten Material her. Auch im Winter, wenn das Wasser nicht fließt, behält eine solche Gestaltung ihren Reiz.

172   Aus porösem Tuff-
gestein quillt Wasser in breitem
Strom, angetrieben durch eine
kräftige Pumpe.

173   Eine Gestaltung ohne
Staustufen setzt einen ständigen
Wasserfluß voraus, sonst läuft
der Bach schnell leer.

174

176

175

177

Wasserfall
mit Wiesenvegetation

Weit aufwendiger, aber auch repräsentativer zeigt sich der Bachlauf in diesem ostwestfälischen Garten. Auch er begleitet die Treppe, fängt das Wasser jedoch in Mulden auf, die durch auffällige, flache Steine noch betont werden. An ihnen staut sich die Flut immer wieder und rinnt so als Wasserfall im Geröllbett zu Tal. Größere und kleinere Steine sorgen für Abwechslung. Die Bachkiesel kleinerer Körnung sehen nicht nur gut aus. Sie haben auch die Aufgabe, ausgepflanzte Vegetation zu festigen, die Pflanzerde vor dem Ausschwemmen zu bewahren. Ihre große Oberfläche bietet obendrein Bakterien und Kleinlebewesen Platz, die für die Klärung und Reinhaltung des umlaufenden Wassers sorgen.

Dichter Pflanzenbewuchs mit Sumpfcalla *(Calla palustris)*, Sumpfdotterblumen *(Caltha palustris)* für die Frühjahrsblüte, mit Gräsern wie der weißblühenden Schneemarbel *(Luzula nivea ›Schneehäschen‹)*, der schattenliebenden Hainsimse *(Luzula sylvatica ›Tauernpass‹)* und Waldschmiele *(Deschampsia cespitosa)* sowie sommerblühenden Stauden unterstreichen den wiesenartigen Charakter im Schatten und Halbschatten. Von Juni bis August blühen die duftenden gelben Glockenprimeln *(Primula florindae)*, anschließend treten Spätsommer- und Herbstblüher in den Vordergrund wie zum Beispiel Blutweiderich *(Lythrum salicaria)* und Greiskraut *(Ligularia dentata)*.

174   Inmitten von üppigen Stauden begleitet dieser Bachlauf die breite Treppe, um sich letztlich in den halbschattigen Garten zu ergießen.

175   Ein Bachlauf als Teil einer großzügigen Gartenanlage. Viel Wasser prägt die Gestaltung im Halbschatten unter Bäumen.

176   Die bachbegleitende Vegetation besteht aus Sumpfdotterblumen, Sumpfcalla, Schneemarbel und schattenliebenden Gräsern.

177   Auch im Sommer ist Pflanzzeit – mit Großstauden aus Containern entsteht ein üppig blühendes Beet in kürzester Zeit.

178   Glockenprimeln *(Primula florindae)* sind attraktive Dauerblüher. Es gibt Sorten in Gelb und Orange.

179   Im Frühling trägt die Schlangenwurz *(Calla palustris)* weißgrüne Kesselfallen-Blüten, im Herbst folgen rote Fruchtstände.

Abwasser säubern mit Sumpfbeetkläranlagen

180

181

Wie teuer die Abwasserbeseitigung und -aufbereitung inzwischen geworden ist, spürt jeder tagtäglich an seinem Geldbeutel. Und die Kosten werden noch weiter steigen, denn auch die Ansprüche an die Wasserqualität steigen.

Vielerorts ist es aber weder nötig, noch bestehen die Möglichkeiten zum Anschluß an ein öffentliches Entsorgungssystem.

Einzelnstehende Häuser, Campingplätze, Ein- und Zweifamilienhäuser, Gartenanlagen mit Ferienhäusern, die Abwasserentsorgung im ländlichen Raum – sie alle profitieren von einer inzwischen hochentwickelten Umwelttechnik. Sogar große Städte, nicht nur kleine Kommunen, haben bereits Abwasserbehandlungssysteme verwirklicht.

In den USA arbeitet die Großstadt San Diego mit blauen Wasserhyazinthen zum Ausfiltern der Nährstoffe. Das weitgefächerte Wurzelsystem dieser Pflanze, die als tropische Schönheit auch bei uns verkauft wird, zeigt in der Tat beachtliche Dimensionen. Mehrmals im Jahr wird die Biomasse geerntet, kompostiert und zur Biogas-Erzeugung verwendet.

Einen Kohlenstoffumbau von über 95 Prozent, eine Reduktion der Nährstoffe um 50 Prozent und mehr erreichen wir auch in Europa mit den entsprechenden Pflanzen.

Das Umweltbundesamt hat ausgedehnte Untersuchungen über die Verminderung abwasserbedingter Keime durchgeführt und die Wirksamkeit und den hohen Wirkungsgrad der Pflanzenklärung bestätigt (s. Literaturhinweis S. 126). Positiv ist vor allem, daß wir es mit heimischen Pflanzen zu tun haben, die die »Drecksarbeit«

übernehmen. Den unscheinbaren Grünpflanzen werden hübsch blühende zur Seite gestellt, so daß sich auch ein gefälliges Aussehen ergibt (siehe Liste auf Seite 15).

Das eröffnet zahlreiche Möglichkeiten, die Sumpfbeetklärung als ökologisch wertvolle Feuchtbiotope für den Landschaftsschutz, den Naturschutz und die Naherholung einzubeziehen.

Im kommunalen Bereich fließt das Wasser nach mechanischer Vorklärung durch Absetzen in unbelüfteten Klärteichen zunächst in einen zweiten flacheren Teich oder in Gräben mit sauerstoffreichem Wasser zum Oxydieren. Natürlich muß hier der abgesetzte Schlamm nach einigen Jahren (alle 5–7 Jahre) abgesogen und über Kompostierung aufbereitet werden. Nach der so erfolgten mechanischen Vorklärung fließt das Wasser weiter durch die mit Sumpfpflanzen bewachsenen Zonen, wobei Wurzelwerk und grober, runder Kies (Körnung 8/16) oder Kalkschotter im Untergrund Trübstoffe zusätzlich mechanisch herausfiltern.

Gerne verwendete Arten sind: Schilf *(Phragmites communis,* syn. *P. australis)* mit starkem Durchsetzungsvermögen gegenüber anderen Pflanzenarten wie Rohrkolben *(Typha latifolia)*, Gelbe Sumpfschwertlilie *(Iris pseudacorus)*, Kalmus *(Acorus calamus)*, Blaugrüne Binse *(Juncus glaucus)*, Scharfe Segge *(Carex gracilis)* und Flechtbinse *(Schoenoplectus lacustris)*. Durch die große, feuchte Oberfläche siedeln sich im sauerstoffreichen Bereich aerobe Bakterienkulturen an, die zur Mineralisierung beitragen. Die Vorgänge verlaufen teils aerob, teils unter Ausschluß von Sauerstoff (anaerob). Je länger das Wasser im Kiesfilter verbleibt und je aktiver die beteiligten Organismen sind, desto besser werden organische Inhaltsstoffe, Phosphor und auch Keime wie zum Beispiel Kolibakterien und Streptokokken abgebaut. Dabei hat es sich bewährt, in verschiedenen Intervallen zu befüllen und das Milieu anschließend durch Abfließenlassen wieder zu belüften. Neben Grabensystemen liefern auch runde Bauweisen gute Ergebnisse.

Ein solches Sumpfbeet hinterläßt ein einwandfreies, biologisch aufbereitetes Wasser. Gleichzeitig dient es als Algensperre.

180 Eine leistungsfähige Pflanzenkläranlage mit zwei Becken zur Vorklärung, Überlaufschacht und s-förmig angelegten Pflanzgräben.

181 Das Wasser kann per Weiche in zwei verschiedene Klärbecken geleitet werden. Über Prellsteine läuft es in Kiesfilter, dann per Rohr zur endgültigen Pflanzenklärung.

182 Bau einer Großanlage mit mehreren Filterstufen. Deutlich zu erkennen sind die Folienbahnen zur Abdichtung.

183 Schon bald entwickelt sich das gepflanzte Schilf zu üppiger Fülle. Die Wurzeln sind als Bio-Filter aktiv.

182

183

Das Sumpfbeet
als Bio-Kläranlage

Für den Privatgarten übernimmt das Sumpfbeet nach dem gleichen Prinzip die Nachreinigung von mechanisch vorgeklärtem, entschlammtem Wasser, das bereits die übliche Drei-Kammer-Faulgrube passiert hat. Für eine Person rechnet man mit mindestens fünf bis sechs Quadratmetern (Einwohnergleichwert [EGW]/Klärfläche bei Horizontalfilter). Die benötigte Pflanzenzahl ergibt sich aus der Tabelle auf Seite 15, in der Regel fünf bis sechs Stück pro Quadratmeter.

Der Plan zeigt ein bewährtes System (re-natur), das sich zum Selbstbau eignet. Für größere und andersgeartete Anlagen sollten Sie besser eine auf solche Arbeiten spezialisierte Firma beauftragen.

Eine im Pumpenschacht untergebrachte Umwälzpumpe beschickt das Sumpfbeet in Intervallen mit vorgeklärtem Wasser. Es gelangt in die obere Schmalseite des Sumpfgrabens und kann ihn mit leichtem Gefälle in Längsrichtung optimal durchfließen. In dieser Sumpfbeetklärstufe wachsen geeignete Pflanzen in einer 30 bis 60 Zentimeter starken Schicht aus Grobkies beim Ein- und Auslauf und körnigem grobem Sand in der Mitte. Die Pflanzenwurzeln verhindern das Verdichten, lockern, filtern und bauen gleichzeitig im Zusammenwirken mit Mikroorganismen Phosphate und Nitrate ab oder binden sie in der Pflanzenmasse. In einer Drainageschicht am Boden sammelt sich das Wasser und gelangt in einen Stauschacht, aus dem leicht Proben entnommen werden können. Von dort kann es gesäubert in einen weiteren Teich, in Gräben oder in die Kanalisation gelangen. Durch das Passieren des Sumpfbeetes reduzieren sich die Keimbelastungen in einer sehr effektiven Art, wie sie in herkömmlichen Anlagen kaum möglich ist. All dies wird mit einem Minimum an Energieaufwand erreicht.
Auch Regenwasser von der Dachrinne läßt sich auf diese Weise von den mitunter erheblichen Belastungen befreien.

185

184 Eine Pflanzenkläranlage für den häuslichen Bereich. Die oberirdischen Pflanzenteile werden bei Bedarf gemäht.

185 Sumpfbeet als Klärstufe für ein Einfamilienhaus in Ruhwinkel. Auch diese Anlage kann im Ökozentrum besichtigt werden.

Zeichnung 15 Sumpfbeetkläranlage (System re-natur) im Schnitt und in der Aufsicht. Deutlich zu erkennen sind die diversen Pflanzzonen.

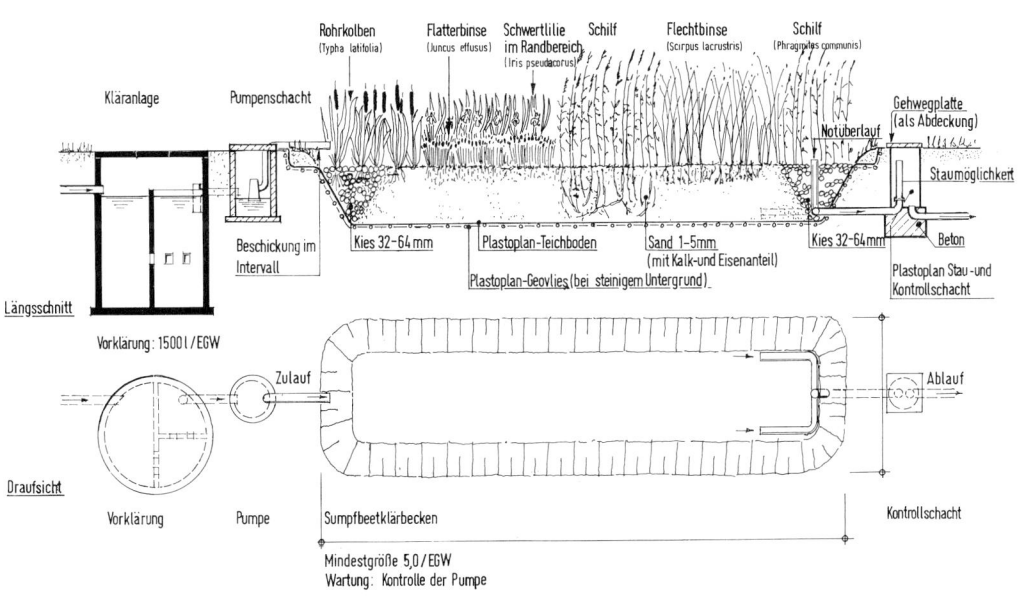

Die Bepflanzung erfolgt mit Repositionspflanzen, wobei Schilf die Hauptlast der Klärung trägt. Dabei ist darauf zu achten, daß Sie nur Ballenpflanzen aus gärtnerischer Anzucht verwenden, da die Entnahme aus der freien Natur nicht erlaubt ist und bei mangelhafter Bewurzelung mit Ausfällen zu rechnen ist. Wenn Sie die Bepflanzung in einem heißen Sommer vornehmen, muß anschließend sofort Wasser angestaut werden!

Nun muß die Sumpfbeetkläranlage nur noch gewartet werden, wobei sich die Pflege auf das Abschneiden der oberirdischen Pflanzenteile im Frühjahr und Sommer sowie die fortlaufende Überprüfung der Pumpe beschränkt.

Bau einer Sumpfbeetkläranlage

Zunächst muß ein Überlauf von der Hauskläranlage zum Pumpenschacht mit Schmutzwasserpumpe oder Umwälzpumpe und ebenfalls einer zum Sumpfbeet hergestellt werden.

Für das Sumpfbeet hebt man einen zirka 60 Zentimeter tiefen Graben aus, der (wie beim Teichbau) mit einer fünf Zentimeter starken Sandschicht bedeckt oder – bei steinigem Untergrund – mit Geovlies als Schutzschicht ausgekleidet wird. Darauf wird entweder PVC-Teichfolie (Stärke 1–1,5 mm) ausgelegt, geglättet und vor Ort thermisch verschweißt oder eine vom Hersteller maßgerecht angefertigte Folie ausgebreitet.

Für den Überlauf in den Stauschacht und Ablauf müssen nun PVC-Rohre (Durchmesser ca. 100 mm) mit einer Krümmung von 90 Grad vorbereitet werden. Das Loch, durch das das Rohr vom Abfluß geführt wird, sollte um etwa 30 Prozent geringer im Durchmesser sein als das PVC-Rohr, damit das Ablaufbecken dicht bleibt. Um das Rohr durchführen zu können, wird der Dichtungsrand erwärmt. Abschließend wird mit Quellschweißmittel und zusätzlicher Schlauchschelle abgedichtet.

Zur Befüllung am Ein- und Auslauf wird jetzt Grobkies (Körnung 32–64 mm) aufgeschüttet. Für den Rest des Sumpfbeetes wird grober Sand genommen, da in ihm enthaltene Kalk- und Eisenanteile Nährstoffe binden.

Eine Variation dieser Anlage besteht darin, die Vorklärung durch das wüchsige Schilf in einem ersten Sumpfgraben erfolgen zu lassen. Danach läuft das Wasser in einen zweiten Graben oder Teich mit optisch ansprechenderen Repositionspflanzen (siehe Liste Seite 15), zum Beispiel mit Gelber Wasserschwertlilie *(Iris pseudacorus)*, Froschlöffel *(Alisma plantago-aquatica)*, Schwanenblume *(Butomus umbellatus)*, Igelkolben *(Sparganium erectum)*, Bachbunge *(Veronica beccabunga)*, Mädesüß *(Filipendula ulmaria)* oder Weiderich *(Lythrum salicaria)*.

186 Durch Pflanzenwuchs geklärt und biologisch sauber verläßt das Wasser das Sumpfbeet. Pflanzenkläranlagen sind sehr effektiv.

Anhang

Was tun gegen Algen?

Zwar haben Algen eine anerkennenswerte biologische Funktion. Sie gedeihen dort, wo sich organische Masse umsetzt und Nährstoffe ins Wasser gelangen. Grünalgen produzieren Sauerstoff, bereichern damit die Wasserqualität, bieten Futter für Kaulquappen, Posthornschnecken und Wasserflöhe. Während in neuen Teichen Blaue und Grüne Schwebealgen sich explosionsartig vermehren, reduzieren sie zugleich übermäßig vorhandene Nährstoffe und zerfallen nach dieser Phase von selbst wieder. Das gleiche geschieht nach der Überwinterung durch ein hohes Nährstoffangebot infolge von im Winter abgesunkenen Pflanzen.

Anders die langen Zellstränge der gelbgrünen Wattealgen (Fadenalgen), die vom Grund auf in dichten Wolken nach oben wuchern. Im Extremfall sind sie von Kalkkrusten überzogen, können ganze Wasserflächen bedecken und das darunter liegende Pflanzenwachstum von Seerosen, Tausendblatt oder der Unterwasserpflanzen durch Lichtentzug ersticken. Zu bestimmten Jahreszeiten, vor allem im Frühjahr bei hohem Lichtangebot und geringem Pflanzenwachstum, können in vielen Biotopen Fadenalgen auftreten. Ist das Wasser im biologischen Gleichgewicht, reduzieren sie sich bis zum Sommer durch die Konkurrenz um die Nährstoffe von selbst wieder. Was jedoch, wenn sie bleiben oder sich sogar noch ausbreiten?

■ Nährstoffarmes, sandiges oder kiesiges, und schotteriges Substrat verwenden. Dessen Oberfläche soll möglichst groß sein, damit sich Bakterien zur Mineralisierung von organischem Material anlagern können.

■ Im Oktober und November den Eintrag von Laub durch Überspannen mit Netzen verhindern. Sonstige organische Bestandteile mit einem Kescher abfischen und/oder durch einen Überlauf zurückhalten.

■ Das Bakterienleben durch Sauerstoffeintrag fördern – mittels Wasserbewegung durch einen Bachlauf mit Kaskade als Filter und Vorklärung oder aber durch starken Pflanzenbesatz.

■ Nährstoffe entziehen durch einen entsprechenden Besatz an Repositionspflanzen (siehe Liste Seite 15). Besonders wichtig sind dabei die Sauerstoff liefernden Unterwasserpflanzen mit Arten von Laichkraut (Potamogeton crispus, P. lucens und P. pusillus), Hornkraut (Ceratophyllum), Wasserstern (Callitriche) und Schwimmpflanzen wie Hahnenfuß (Ranunculus aquatilis), Krebsschere (Stratiodes), Tausendblatt (Myriophyllum) und Wasserfeder (Hottonia).

■ Bei starkem Befall Fadenalgen abfischen. Dies ist mit einem Rechen leicht möglich. Bei langsamem Arbeiten – schnelle, ruckartige Bewegungen vermeiden – lassen sich ganze Algengeflechte an Land ziehen.

■ Nährstoffe biologisch entziehen durch den Einbau von Lavaton-Filtern in Form von Körben oder Netz-Säcken mit »Aqua-Superton« oder als Granulat eingearbeitet in den Teichboden.

■ Ähnlich wirken Quarzmehl und Alumosilikate (Zeolith, Lavaton), wobei Phosphorverbindungen absorbiert, der aerobe mikrobielle Stoffwechsel gesteigert und Entgiftungsprozesse eingeleitet werden.

■ Die mikrobielle Umsetzung läßt sich auch durch Beigaben von Nährböden wie zum Beispiel »Bio-Algihum Flüssigkeitskonzentrat« in Verbindung mit Wasserumwälzung und Sauerstoffeintrag beschleunigen. Infolge von starker biologischer Aktivität erfolgt eine gründliche und schnelle Umsetzung organischer Substanz und anschließende Wasserklärung.

■ Den pH-Wert und die Wasserhärte absenken durch Einleiten organischer Säuren (Essigsäure, Zitronensäure, Ameisensäure, Oxalsäure aus der Apotheke) mit einer Gießkanne bis zum Erreichen des idealen Säuregrades. Dabei mit Messungen stets die Wirkung überprüfen. Beginnen kann man zum Beispiel mit 1 Liter Säure pro 50 Quadratmeter Oberfläche. Pro Tag nicht stärker als 0,5 pH absenken.

Faustregel zur Senkung der Wasserhärte: 22,5 Gramm Oxalsäure pro Kubikmeter Wasser senken die Härte um jeweils 1 Grad dH.

■ Stroh wirkt ebenfalls gegen Algen, vermutlich durch starke mikrobielle Umsetzung mit Nährstoffentzug. Besser als ganze Ballen zu versenken ist es, den Bachlauf durch eine mit Stroh gefüllte Kammer zu führen. Alle zwei Wochen das Stroh austauschen (empfehlenswert ist besonders Gerstenstroh; 1 kg genügt bereits pro 100 cbm Wasser).

■ Chemische Mittel schädigen das Ökosystem im Teich und sollten deshalb verpönt sein.

■ Nicht düngen, denn die Pflanzen sollen ihren Nährstoffbedarf dem Teichwasser entnehmen. Ausnahme: Besonders nährstoffbedürftige Pflanzen wie zum Beispiel Seerosen.

Was kostet ein Badeteich?

Viele Arbeiten, vom Ausbaggern mit Leihgeräten bis hin zu den Pflanzarbeiten lassen sich in eigener Regie durchführen. Sie senken die Kosten für das Badevergnügen beträchtlich. Für bestimmte Arbeiten im Zusammenhang mit dem Schwimmteil und der dazugehörigen Technik ist jedoch eine Vergabe an fachlich versierte Firmen unbedingt anzuraten.

Wichtiger Hinweis: Alle Preise sind Schätzungen und können je nach örtlichen Bedingungen stark variieren. Angebote einholen – hierdurch erhalten Sie einen genaueren Überblick.

Kostenvoranschlag für einen Badeteich

in Süddeutschland (80 qm)

Baustelleneinrichtung	500,–
Ausmessen, Nivellieren	500,–
Teichgrube, Aushub und Modellieren	2.000,–
Terrain modellieren	500,–
Teichkante aus Betonteilen erstellen	600,–
Geovlies liefern und einbauen	700,–
Folie (1mm stark) liefern und auslegen	1.500,–
Umwälzpumpe liefern und einrichten	700,–
Umwälzleitung erstellen	500,–
6 m Bachlauf erstellen	1.000,–
Überlauf erstellen	1.000,–
Wasserpflanzen liefern und pflanzen	700,–
Zwischensumme	DM 10.200,–
15% Mehrwertsteuer	1.530,–
Gesamtpreis	**DM 11.730,–**

Kostenvoranschlag für einen Teich mit Strand

in Norddeutschland (250 qm; vgl. S. 44/45 bzw. S. 20–41)

Planung (für die Gesamtanlage)	5.000,–

Bauvorbereitung

Baustelleneinrichtung	500,–
Baum fällen und roden/Stück	400,–
Ausmessen, Nivellieren	1.000,–
Mutterboden abschieben und lagern	1.400,–
Aushub und Modellieren der Teichform	6.250,–
Terrain modellieren und 500 cbm Bodenaushub abfahren, entsorgen	7.200,–
	DM 16.750,–

Teich

Teichkante aus Holz erstellen	1.000,–
Sandbett unter der Teichfolie	500,–
Geovlies liefern und einbauen	1.500,–
Teichfolie 300 qm liefern, auslegen	7.000,–
Umwälzpumpe und Unterwasserleitung zum Bachlauf erstellen 25 cbm/h	2.500,–
Überlauf erstellen	1.000,–
	DM 13.500,–

Bachlauf, Bepflanzung und Extras

Sand liefern und einbauen	1.000,–
6 Meter Bachlauf erstellen, 2 Wasserstufen	1.500,–
Steg	1.500,–
Wasserpflanzen liefern und pflanzen Bodenverbesserung	1.500,–
50 cbm Kompostgemisch liefern, einbauen und planieren	2.200,–
Teichrand, Stauden liefern und pflanzen	2.000,–
	DM 9.700,–
Zwischensumme	DM 44.950,–
15% Mehrwertsteuer	6.740,–
Gesamtpreis	**DM 51.690,–**

Das Kalkulationsbeispiel auf der folgenden Seite (für einen technisch hochwertigen Schwimmteich, vgl. S. 82/83) stammt von einem gewerblichen Anbieter und gibt einen Überblick über die benötigten Leistungen und ihre Kosten.

Badeteich
in Oberösterreich (140 qm)

Vor- und Nebenleistungen des Bauherrn
Planung, Strom und Stromzuleitungen zum Pumpenschacht, Frischwasser zum ersten Befüllen

Bauvorbereitung

Baustelle einrichten, Kost und Logis für Firmen-Arbeitskräfte	3.000,–
Ausmessen, Einnivellieren	1.000,–
Mutterboden abschieben, zwischenlagern	1.400,–
Aushub und modellieren der Teichgrube	3.500,–
Terrain modellieren, Abfuhr überschüssiger Erde	2.100,–
	DM 11.000,–

Schächte und Fundamente

Absetzschacht	DM 5.000,–
Ablaufschacht im Teichboden, Leitungen, Verfüllen, Randbefestigung, Pumpenschacht, Ablauf aus Pumpenschacht, Abdeckung für den Schlammsammelschacht	2700,–
	DM 7.700,–

Teich

Sandbett unter dem Teichboden	1.250,–
Geotextilvlies	500,–
Teichfolie incl. Abdichten	7.500,–
Pumpleitungen	800,–
Umwälzpumpe	1.200,–
Saugschacht im Sekundärteich	150,–
Umrandung des Schwimmbereichs	1.200,–
	DM 12.600,–

Bachlauf, Bepflanzung und Extras

Bachlauf, Wasserfall	2.500,–
Sumpf- und Wasserpflanzen	3.000,–
Pflanzsubstrat	7.500,–
Pflanzarbeiten	1.100,–
Befüllen der Teichanlage	200,–
Holzsteg/Holzdeck	4.300,–
Lizenzgebühr	2.500,–
	DM 21.100,–

Zwischensumme	DM 52.400,–
15 % Mehrwertsteuer	7.860,–
Gesamtpreis	**DM 60.260,–**

Literatur

Banse, B. und H. Panten:
Wasserreinigung durch Pflanzen
Dokumentation des Plantec-Schwerpunktes '93; Bonn 1994
(zu beziehen über den Zentralverband Gartenbau, D-53175 Bonn)

Bartenschlager, E.-M.:
Tiere im Wassergarten
Niedernhausen 1987

Franke, W.:
Faszination Gartenteich
München 1988

Hagendorf, U. und J. Hahn:
Untersuchungen zur umwelt- und seuchenhygienischen Bewertung naturnaher Abwasserbehandlungssysteme
Bundesumweltamt
Postfach 330022, D-14191 Berlin
Berlin 1994

Sieber, J.:
Verwendungsempfehlung im BdB-Handbuch Teil 3
Pinneberg 1982

Stein, S.:
Wassergärten BLV Garten- und Blumenpraxis
München 1984

Stein, S.:
Wassergärten
München 1994

Thomas, R.:
Brunnen im Garten, 3. Auflage
München 1993

Timm, U.:
Die neuen Teiche, Bäche, Pools
München 1995

Timm U.:
Terrassen und Sitzplätze, Vom Wohnen im Garten, 2. Auflage
München 1995

Wachter, K.:
Der Wassergarten
Stuttgart 1983

Bezugsquellen

(nach Postleitzahlen geordnet)

Architekten und Firmen

Autor und Verlag bedanken sich
für die Mitwirkung bei folgenden
Architekten und Firmen:

Siegfried Vick
Garten- und Landschaftsbau
Am Hofkamp 15
D-21347 Bardowick

Guido Manzke
Garten- und Landschaftsbau GmbH
D-21397 Volkstorf

re-natur gmbH
Charles-Ross-Weg 24
D-24601 Ruhwinkel

Garten-Paradies
Ostwestfalen
Salmen GmbH
Anreppener Str. 2
D-33129 Delbrück

Christhard Ehrig
Landschaftsarchitekt
Marderweg 23
D-33689 Bielefeld

Naturwuchs GmbH
Garten- und Landschaftsbau
Am Römerstein 48
D-82205 Gilching

Biotop Landschaftsgestaltung
Hauptstr. 285
A-3411 Weidling/Klosterneuburg

C. + R. Weixler-OEG
Schwimmteiche, Biotope
Aichbergstr. 48
A-4600 Wels/Oberösterreich

Bioteich G.m.b.H.
Biotop, Nutz - und Badeteichbau
Kallhamerdorf 12
A-4720 Kallham/Oberösterreich

Lehnert-Hauenstein AG
Pflanzen und Gärten
Alte Stockstrasse 8
CH-5022 Rombach/Aarau

Teichbauzubehör

Grundfos GmbH
Pumpenfabrik
D-23812 Wahlstedt

Plastoplan GmbH
Charles-Ross-Weg 24
D-24601 Ruhwinkel

Heissner KG
Postfach 80
D-36341 Lauterbach/Hessen

Ch. Kruk Kunststoffe
Dieselstr. 10
Industriegebiet Hirschhagen
D-37235 Hessisch-Lichtenau

Ubbink GmbH
Dingden
Sachsenstr. 34-36
D-46499 Hamminkeln

Oase-Pumpen
Wübker und Söhne GmbH & Co.
Postfach 2069
D-48469 Hörstel-Riesenbeck

Tetra-Werke
Postfach 1580
D-49324 Melle

aqua-terra
Bioprodukt GmbH
Postfach 1408
D-64345 Griesheim/Hessen

Aguaplan
Held GmbH
Postfach 24
D-75046 Gemmingen

Deutsche Zeolith
Umwelttechnik
Amselweg 11
D-78554 Aldingen

Goldfischzucht/
Biotopbewohner
Robert Hilble
Geiselwieser Str. 2
D-85235 Sittenbach/Odelzhausen

Felsdekor
Hauptstr. 51 a
D-97456 Dittelbrunn

Interplastic AG
Teichfolien
Postfach
A-4600 Wels/Oberösterreich

Aquatop GmbH
Untermülham 15
A-4891 Pöndorf

Pflanzenkläranlagen, Repositionspflanzen usw.

re-natur
Charles-Ross-Weg 24
D-24621 Ruhwinkel

Hans-J. Wachter
Repositionspflanzen
Rollbarg 24
D-25482 Appen-Etz

Turner GmbH
Abwassertechnik
Am Heidberg 5
D-28857 Syke-Gessel

Hans-Jürgen Petrowski
Wasserpflanzengärtnerei
Aschauteiche
D-29348 Eschede

Stauden-Junge
Seeangerweg 1
D-31787 Hameln/Wehrbergen

ARGE Repoplant
Bildungsstätte des Deutschen Garten-
baues
Gießener Str. 47
D-35305 Grünberg/Hessen

Ingenieur-Büro für Umweltplanung
Oberburgstr. 1
D-37213 Witzenhausen

Planungsbüro Belz und Partner
Gottfried Lehr
Bergstr. 110
D-61118 Bad Vilbel

Flor-Rekult
Siegfried Ziepke
Schwanheimer Str. 79
D-64625 Bensheim 1

Gärtnerei Germann
Rübsamenwühl 22
D-67346 Speyer

Ursula Oldehoff
Wasserpflanzengärtnerei
D-82515 Achmühle/Wolfratshausen

PURE
Abwassertechnik
Nonfünf
D-83435 Bad Reichenhall

Bernhard Häring
Steina 19
D-84364 Bad Birnbach

Erhard Oldehoff
Wasserpflanzengärtnerei
D-94051 Hauzenberg-Krinning/Bayer.
Wald

Biotop Landschaftsgestaltung
Hauptstr. 285
A-3411 Weidling/Klosterneuburg

Der Profi-Heimwerker

Christian Pessey/Marcel Guedj
Fliesen legen
2. Auflage. 128 Seiten,
262 farbige Abbildungen.
Broschiert.

Christian Pessey/Marcel Guedj
Mauern und Verputzen
2. Auflage. 128 Seiten,
284 farbige und 16 sw.
Abbildungen.
Broschiert.

Christian Pessey
**Wände verkleiden mit
Tapeten, Paneelen,
Kassetten**
128 Seiten, 303 farbige
und 6 sw. Abbildungen.
Broschiert.

Bernd Grützmacher
**Holzhäuser selber
bauen und montieren**
128 Seiten, 125 farbige
und 106 sw. Abbil-
dungen.
Broschiert.

Werner Meyer
**Möbel für HiFi und PC
selber bauen**
128 Seiten, 117 farbige, 81
sw. Abbildungen, 20 Zeich-
nungen und 12 Tabellen.
Broschiert.

Christian Pessey
Dämmen und Isolieren
2. Auflage. 128 Seiten,
305 farbige Abbildungen.
Broschiert.

Roland Thomas
**Ein altes Haus
wird renoviert**
*Schritt für Schritt vom
Keller bis zum Dach*
128 Seiten, 108 farbige und
106 sw. Abbildungen.
Broschiert.

Bernd Grützmacher
**Grasdach und
Dachbegrünung**
*Planung, Aufbau, Eigenleistung
für moderne Grasdächer*
128 Seiten, 23 farbige
und 165 sw. Abbildungen.
Broschiert.

Callwey Verlag München